塔木德

Talmud

התלמוד

【第四章】智慧是搶不走的財富 154

【第五章】要發財，從改變自己開始

【第六章】契約可以創造財富 234

【譯後記】 281

【緒論】天生會賺錢的民族

有一天，猶太教士胡里奧在河邊遇見了憂鬱的年輕人費列姆。費列姆唉聲嘆氣，愁眉苦臉。

「孩子你為何如此鬱鬱不樂呢？」胡里奧關心地問。

費列姆看了一眼胡里奧，嘆了口氣：「我是一個名副其實的窮光蛋。我沒有房子，沒有工作，沒有收入，三餐不濟。像我這樣一無所有的人，怎麼能高興得起來呢？」

「傻孩子！」胡里奧笑道：「其實，你應該開懷大笑才對！」

「開懷大笑？為什麼？」費列姆不解地問。

「因為，你其實是一個百萬富翁呢！」胡里奧詭異地說。

「百萬富翁？您別拿我這窮光蛋尋開心了。」費列姆很不高興，轉身想走。

「我怎敢拿你尋開心？孩子，現在能回答幾個問題嗎？」

「什麼問題？」費列姆有點好奇。

「假如，現在我出二十萬金幣買你的健康，你願意嗎？」

「不願意。」費列姆搖搖頭。

「假如，現在我再出二十萬金幣，買你的青春，讓你從此變成一個小老頭，你願意嗎？」

「當然不願意！」費列姆乾脆地回答。

「假如，我現在出二十萬金幣，買走你的美貌，讓你從此變成一個醜八怪，你可願意？」

「不願意！當然不願意！」費列姆像吃搖頭丸般搖著頭。

「假如，我再出二十萬金幣，買走你的智慧，讓你從此渾渾噩噩，度此一生，你可願意？」

「傻瓜才願意！」費列姆一扭頭，又想走開。

「別慌，請回答完我最後一個問題：假如現在我再出二十萬金幣，讓你去殺人放火從此失去良心，你可願意？」

「天哪！幹這種缺德事，魔鬼才願意！」費列姆回答。

「好了，剛才我已經開價一百萬金幣了，仍然買不走你身上的任何東西，你說你不是百萬富翁，又是什麼呢？」胡里奧微笑著問。費列姆恍然大悟。他謝過胡里奧的指點，向遠方走去，從此，他不再怨天尤人，微笑著尋找他的新生活。

這就是猶太人，他們堅信可以憑藉自身的實力來獲得財富，改變自己的命運。

世界上最偉大的商人

上帝給予光明，金錢散發溫暖。

——《塔木德》

猶太教為世界上少數流傳幾千年的文明，它沒有給世人留下什麼值得驕傲的宮殿和建築，也沒有給人們留下美妙的音樂，他們唯一留下的就是智慧，智慧是一切財富的根源。到了最近一千年左右，猶太人就是憑藉著這些智慧登上了世界第一商人的寶座，他們在其他領域的成就也讓世人刮目相看。

「不了解猶太人，就等於不了解世界。」猶太人對世界產生了重大的影響。也有人說：「三個猶太人坐在一起，就可以決定世界的命運。」

對於猶太人的財富，有一個非常經典的說法：「全世界的錢都在美國人的口袋裡，而美國人的錢卻在猶太人的口袋裡。」猶太人的優秀，讓世人為之震驚，這樣一個偉大的民族，引起了世人對他們的好奇和興趣。當然，猶太人最讓世人折服的，是他們驚人的財富和超凡的賺錢能力。猶太人是個謎一般的民族，他們是世界上的少數人，但是卻掌握了世界上龐大的資產；他們遭受了千年的凌辱，處處受打壓，四處流浪，卻有驚人的財富。他們特立獨行，行為、思考模式詭祕，讓世人覺得神祕莫測；他們沒有什麼資本，但是卻始終立於金錢的頂峰、權力的中心。

一千多年以來，猶太人的金錢是大家非常關注的話題，幾乎所有的人對於猶太人擁有的巨大財富都有濃厚的興趣。基督教的牧師對之詆毀，說猶太人是崇拜金錢的魔鬼，而世間的貴族和王侯們為了得到猶太人的錢，卻處心積慮地巴結猶太富人；反猶太主義者對於猶太人所掌握的龐大財富，氣得暴跳如雷，但也毫無辦法，而猶太人對自己所掌握的財富深深自豪，他們的發財祕密從來不傳於外人。世人對他們發財的祕訣，更是充滿好奇與羨慕。

猶太人是世上最富有的民族，是「世界的金礦」。猶太人口在世界所佔的比例僅有〇．三％，卻掌握著世界經濟的命脈。

在美國，猶太人所佔的比例僅有三％，但是根據《財富》雜誌所評選出來的超級富翁中，猶太裔企業家卻佔二〇至二五％，在全世界最有錢的企業中，猶太人竟然佔了一半。

如果做一合理猜測，猶太人約佔全美最富有者的二〇％。可以說，猶太人是名副其實的世界上最富有的民族。

如果要說富有的商業大亨，猶太人數量就更是龐大，數不勝數了。例如企業界一部分比較突出的猶太人或有猶太血統的人中，就包括波拉勞埃德公司的埃德溫．蘭德、西方石油公司的利昂．赫斯、哥倫比亞廣播公司的威廉．斐里、西北工業公司的本．海涅曼、三角出版公司的沃爾特．安尼伯格、聯合食品公司的內森．卡明斯、杜邦公司的歐文．夏皮羅、大陸穀物公司的米歇爾．弗里堡、MOA的路易斯．沃瑟曼、迅捷公司的米蘇萊姆．里克利斯、波絲納家族所有的公司的維克托．波絲納、海灣西方工業公司的查爾斯．布盧德霍恩、勃勒斯公司財政部以及迪克斯公司的W．米歇爾．布盧門、西格萊姆斯公司的埃德加．布朗夫曼，還有聯邦廣播公司的倫納德．戈登森等。

在範圍最廣、最權威的猶太聯合會和福利基金聯合會所做的「美國猶太人口研究」中發現，在七〇年代，猶太人家庭平均收入為一．二六三萬美元。而同期美國家庭平均收入為九八六七美元，比其他民族的人收入高出三八%以上。

事實上，猶太人的確佔了上流階級中不可忽視的地位。

在五千三百萬個美國家庭中，有一千三百萬個家庭可以歸入中產階級，而一百萬個猶太人家庭中，有近九十萬個家庭屬於中產階級。猶太人只佔美國人口的三%，但有四三%的猶太人家庭，收入超過了一萬六千美元，全美只有二五%的家庭收入超過了一萬五千美元。從這些數字來看，我們可以這樣說，猶太人中、上層階級的收入比例，高出美國其他人平均收入近一倍。他們中有一半過著資產階級的奢侈生活，這也引發世人對他們極大的嫉妒。

事實上，猶太人的富有和他們的宗教是分不開的，上帝特選子民的榮耀感激發著他們。他們改變了這個世界，猶太人是偉大的，他們的精神來源則是猶太教。人們都試圖從他們的神祕文化和引導他們賺錢的宗教，來深入解析他們致富的祕密。

猶太人沒有國家和政府，是依靠契約來生存的，維持他們生命的就是契約，其中最主要的是規定了許多的商業規則，讓人們在這完善規則裡去經營事業。猶太人通常被稱作「商人的民族」，許多時候，也常被稱為「律法的民族」。這兩個名稱，相互之間並沒有一點衝突，完全可以合二為一，即「商法的民族」。

對於猶太民族，律法的意義完全不同於其他任何一個民族。猶太民族從起源就是一個流動不定的部族，部落構成混雜，定居不久又被驅趕著湧入大混亂的洪流，造成猶太民族在民族邊界的標誌上，缺乏血緣和地域這兩個最基本的要素。事實上，就其內部組織而論，能使猶太民族在四散分居的狀態下留存下來的，便是上帝的律法。猶太民族在種族意義上是一個開放的民族，它以是否遵守上帝的律法來確定民族成員的身分。猶太民族的律法精神反映在經典《塔木德》中。

《塔木德》是兩千多位學者在一千多年間的討論和研究中寫成的，後人把這些學者的主要觀點和意見彙整出來，是大家集思廣益下的精華，其本身並沒有一個確定的答案。因此，嚴格地說它不是一部律法書，而是一部供自己研究探索的智慧書，每一個猶太人的研究者都有他自己的見解。猶太人在學習《塔木德》的時候，也是他們互相交流和學習成長的過程。

《塔木德》並非是律法問題唯一的權威性解釋。猶太教育鼓勵人們獨立思考。學生在猶太經學院中，即使把《塔木德》背得滾瓜爛熟，也不能算是一個好學生，因為《塔木德》中都是別人討論的意見，你必須要融會貫通地發表自己的見解。《塔木德》是一部猶太律法的百科全書，內容包羅萬象，可以供你參考借鑒，但絕不是行動的指南。《塔木德》是許多猶太學者的智慧結晶，讀者可以同意這一位學者的看法，也可以不同意另一位學者的意見。

《塔木德》裡記錄了這樣的一個故事，來說明這個問題：

米姆爾問他的朋友史耐依：「你在法學院學習，可以告訴我什麼是猶太法典嗎？」

史耐依說：「米姆爾，我可以給你舉個例子來解釋，我可以先向你提個問題嗎？如果有兩個猶太人從一個高大的煙囪裡掉了下來，其中一個身上滿是煙灰，而另一個人卻很乾淨，那麼，他們誰會去洗洗身子呢？」

「當然是那個身子髒了的人！」

「你錯了，那個人看著沒有弄髒身子的人想：我的身體一定也是乾淨的。而身上乾淨的人，看到滿是煙灰的人，就認為自己可能和他一樣髒。所以，他會去洗澡。」

「見鬼！」米姆爾嘀咕了一句。

「我再問第二個問題，他們兩個人後來又掉進高大的煙囪，誰會去洗澡？」史耐依問道。「這我就知道了，是那個乾淨的人！」

「不！你又錯了，身上乾淨的人在洗澡時，發現自己並不太髒，而那個弄髒了的人則相反。他明白了那位乾淨的人為什麼要去洗澡，因此，這次他跑去洗了。我再問你第三個問題，他們兩個人第三次從煙囪裡掉下來，誰又會去洗澡呢？」

「那當然還是那個弄髒了身子的人！」

「不！你還是錯了！你見過兩個人從同一個煙囪裡掉下來，其中一個人身子乾淨，另一個人卻骯髒的事情嗎？」

這就是《塔木德》！

塔木德想告訴你的，就是要你自己用心去領悟，才能獲得真正的智慧；而財富的追求，也是一個人在自己所遇到的機遇和環境中，不斷地調整自己的策略才得到的。靈活地掌握和運作《塔木德》的這些原則，才是最有效的致富方法。

賺錢，是一種高貴的美德

身體依靠心而生存，心則依靠錢包而生存。

——《塔木德》

在猶太民族中流傳著這樣一句話：「貧窮父母為了女孩的一份嫁妝，寧可在猶太教堂裡把《聖經》賣掉。但為了使這個女孩子一生富足，她的嫁妝裡必須要有一部《塔木德》。」

《塔木德》開啟了人們的思惟，開啟了猶太人最早的商業智慧，很多人研究後崇拜得五體投地。對於經商的教育，猶太人這樣規定：五歲學習《聖經》，十歲學習《密西拿》，十五歲學習《塔木德》。這些經典充滿了猶太式的智慧，猶太人之所以能夠發財，和他們幾千年的燦爛文化密不可分。

在中世紀，基督教會是嚴禁放債收取利息的，他們認為這是一種罪行，然而猶太教卻不這樣規定。《塔木德》說：「無論誰研習《塔木德》，只要你用心去研習，均值得受到褒獎，而且整個世界都將受惠於他，他會被人當作朋友，當作一個可以尊敬的人，一個崇敬上帝的人，他將變得謙恭、變得公正、虔誠、正直、富有信仰，他將能遠離罪惡，接近美德。通過他整個世界就有了聰慧、忠告、智性和力量。賺錢吧！吃麵包吧！喝酒吧！和心愛的女人共浴愛河吧！你的行為已經得到上帝的恩准。」

作為一部宗教經典的《塔木德》，它更像是猶太民族的一個智慧基因庫，它同樣也是猶太商業智慧的基因庫。整部著作通俗易懂、睿智雋永，成了猶太人行為的指南，同時對處於流放狀態的猶太人，在維護民族統一性，及加強民族凝聚力上，也發揮了相當大的作用。

《塔木德》凝聚了十個世紀中兩千多位學者對自己民族智慧的探索、思考和提煉，是整個猶太民族行駛人生大海的羅盤，是滋養世世代代猶太人的土壤，也是其他民族了解猶太文化、接觸猶太智慧的必經之道。《聖經》已成為基督教的經典，而《塔木德》也成了猶太人真正的衣缽。到處流浪的猶太人，隨身攜帶著這本書，去尋求自己的夢想。

直到今天，猶太人仍孜孜不倦地研讀著《塔木德》。猶太人從小就受《塔木德》的薰陶，他們的父母在他們三歲時便在書上滴上幾滴蜂蜜，讓他們去舔，以此來形成對這本書良好的第一印象。長大後，更是每天都要抽一段時間來研讀，他們會在安息日中特意安排幾個小時來潛心學習《塔木德》，其態度甚篤，有十幾小時才學了十幾句，他們也會高興地說：「只要理解了這十幾句，能把握其要義，就會使自己變得聰明且能幹。」只要有客人來訪或聚會，猶太人總會相互交流一下學習的心得，而學完一部《塔木德》，則被視為是一件人生大事，可以好好慶祝一番。

在猶太人的社會中，《塔木德》已經成為猶太人不可或缺的一部分，成為猶太人的靈魂和頭腦。正因為如此，猶太人被稱為「愛書的民族」，也就是「一本書的民族」，其涵義就是說猶太人的生活被限定在《塔木德》這本書的範圍之內。

猶太人確認自己是上帝的選民，才會有如神助地以這樣一種「律法」的形式，早早劃定了民族的「邊界」，使得一個弱小而四散流亡的民族能以非地域、非種族的文化特徵，在和其他民族相處時，都能如此突出。這樣的一本書作為一個民族的藩籬，其內容就必須是閉合的。因為藩籬必須是閉合的，神聖的經典也必須是閉合的。但本身是不閉合的，猶太人的生活更是不閉合的，歷史中遭遇強加給猶太人的巨變，也許遠遠多於人類歷史上其他任何一個民族。他們一再被強行驅入混亂的洪流，去面對迥然不同的社會文化環境。

所以，在這個民族身上，幾乎同時存在著對閉合性和開發性兩種極端的特性。沒有閉合性，純粹開放的猶太民族，必將走上被完全同化的自行滅亡之路；沒有開放性，純粹閉合的猶太民族也只能走上一條自甘萎縮而被歷史淘汰的道路。回溯歷史，有多少民族已經分別消失在這兩條進化的歧路之上。

因此，《聖經》必須閉合但《聖經》又必須開放，這種閉合與開放同存的要求，只能用這本「準聖經」——《塔木德》來達到這個目的。

《塔木德》雖被稱為猶太教僅次於《聖經》的法典，但絕對不具有一般法典那種「言不二價」的特徵，許多大相逕庭的觀點並列共存而沒有一個權威性結論，這種情況在《塔木德》中比比皆是。

就像每本介紹《塔木德》或者探討《塔木德》的書，都必須從第二頁才印上頁碼，以便讓讀者在那張空白的第一頁上，記下自己的觀感一樣，《塔木德》的作者們更願意讓種種意見留下一個爭論的餘地。因為，在拉比（編注：拉比，Rabbi，是指獲得大眾認可的猶太教師或智者）看來，《聖經》一旦閉合，上帝也就閉口了；即使上帝不閉口，人類也毋須理會，他們完全可以「不顧一切」地堅持自己的看法。

著名的猶太先知比賽亞說過：「如果《塔木德》是一些固定不變的公式的話，它就能存在下來。所以，摩西曾向上帝懇求說：宇宙之主，請將關於教義和律法中每個問題的終極真理賜予我們。上帝的回答是：教義和律法中沒有終極真理，真理是每一代權威注視者經過思考得出的智慧……」

上帝才是真正的「百家爭鳴」的倡導者！人們在意見分歧之時，一個人的意見不可能全然凌駕於其他人的意見之上，何況上帝還自願將自己的最終裁決權懸置，放縱人們去「少數服從多數」而不搞獨裁的行徑。何等明智的上帝，何等明智的拉比，何等明智的《塔木德》！

正因如此，《塔木德》才能對《聖經》的各種解釋兼容並蓄，才能在接受新思想、新觀念的同時，保存各種觀點，保存各種流派，保存它們所代表的各種發展可能性，和它們所蘊含的各種智慧基因。一個屢屢被人稱為頑固守舊的民族，卻屢屢為人類做出各種開創性的成就，貢獻出與其人數不成比例的世界級大師，其祕訣就在於猶太民族特別善於保存其智慧基因，以適應新的環境、迎接新的挑戰。

由於猶太民族較早、較多地從事商業活動，所以他們很早就開始致力於使商業活動規範化的工作。《塔木德》中提出的一些觀念，被公認為現代商業法規的思想淵源，並對以契約關係為基礎的商業運作，提供了思想基礎與法律規範。

《塔木德》非常注重公平交易，為此還做了種種規定。例如，用來丈量商品的繩尺，冬天和夏天的應當有所區別，因為繩尺自身的長度會因熱脹冷縮而有變化。

作為量器的瓶子，底下不能有殘留；砝碼的底部必須經常進行清潔，以保持重量的準確性；在賣方劑量不準的情況下，買方有權要求重新計量；在廣告性質的事項上，有種種禁止弄虛作假的規定，比如禁止賣牛時塗上不同的顏色，禁止給各類工具塗上顏色以舊充新；把新鮮的水果放在舊水果上一起出售，也屬被禁之列。在價格問題上，《塔木德》也有明確規定。當時雖然沒有客觀的統一價格，成交價一般都是在討價還價中達成的，但要是成交價高於一般價格的一六％以上的話，則這一買賣行為自動無效，買方可以退貨。而且買方買下的是自己不了解的物品，則有權利在一天或一星期（視所買物品而定）內，向別人徵求意見，最後決定是留下還是退貨。從中我們也不難發現商品經濟必備的契約意識和法律意識，在猶太民族裡的萌生和早熟，猶太商人能成為舉世公認的「世界商人」也就成了一種歷史和邏輯的必然。

《塔木德》反對不合理的競爭，規定在出售特定商品的店鋪隔壁，不能開同樣的商店賣完全相同的東西。對於降價競爭，大部分情況下，都是以是否有利於消費者為標準。

另外還規定，不能買別人已表示要購買的東西，《塔木德》中有這樣一則案例：

有兩位拉比都想買某一塊地。第一位拉比已經和賣家就這塊地談好了價格，可是第二位拉比跑來，二話不說就買下來。

有一天，有人來見第二位拉比，對他說：「有人想買糖果，來到糖果店，看見已經有人在驗看糖果的質量，但後到的人卻搶先把糖果買了下來，這樣的人，你該如何稱呼他呢？」

第二位拉比回答說：「當然第二個是壞人了。」

於是，那人就告訴他說：「你剛剛買下的土地，就等於那個後者買下的糖果。那塊土地，事先已經有人報出了價格，正在交涉之中，你怎麼可以先買下來呢？」

事情最後是怎樣解決的呢？第二位拉比認為把剛買的東西立刻賣出去，有些不吉利，送給第一位拉比，他又捨不得，於是，就捐給了一所學校。

很明顯地，從《塔木德》的這些具體規定中，很容易發掘出現代公平價格、正當利潤、公平競爭、如實說明等商業法規的基本思想和原始做法。

且這些法規在現代生活中，已被證明為合理有效的規定，對於商業史和法律史都具有重大意義。

可以傳授的致富祕訣

殘害人們的東西有三樣：煩惱、爭吵、空錢包，其中「空錢包」害人最甚。

——《塔木德》

從前有一個人想學《塔木德》，但是他覺得《塔木德》特別艱澀難懂，便有了想放棄的念頭，他找到拉比說自己不想學《塔木德》的決定。

拉比把他請到了一個房間，房間上面懸掛著一個裝有水果的籃子。於是拉比對他說：「你想吃水果嗎？如果想吃的話，把這個籃子摘下來就可以了。」

可是屋子裡沒有梯子，他根本拿不到這麼高的水果籃子。他惶惑地看著拉比。拉比看著他，問他：「如果這個籃子真的拿不到，那麼是誰把它掛上去的呢？」他還是不解，拉比只好對他直說：「《塔木德》並不是要人們不理解它，而是希望人們明白它，既然有人能寫出來，為什麼不能理解它呢？」

於是拉比又講了一個《塔木德》裡記載的故事：

有一個人想改信猶太教，但是對猶太教的教義不了解，他希望別人在「單腳可以站立」的時間裡，告訴他「猶太教的全部學問」。

著名的拉比希勒爾接見了他，他剛抬起一隻腳，希勒爾就已經把「全部猶太教的學問」告訴他：「不要對別人做連你自己都厭惡的事，這就是《塔木德》的全部學問，其他的都只是解釋和評注。」

其實很多東西是很簡單的，只是人們把它們複雜化了，只要你掌握其中的一些規則就可以了。創業並不是一件十分困難的事情，它是由一些大家需要共同遵守的規則組成的，只要熟練運用這些規則，創業就變得容易許多，而商業的精髓不過是一些簡單的規則，這些規則是商業運作的規則和準則。

世界上存在著許多民族，為什麼唯獨猶太人成了財富的象徵呢？這就不能不提到他們的宗教——猶太教。

「猶太教」簡直是一個教人致富的宗教，在世界的早期，就引領猶太人逐漸走上了商業的道路，那些對商業和社會行為的論述，培養了猶太人理財的頭腦和獨特的思惟，還有千年的經商智慧，讓猶太人完全具備成為一個商人的所有條件，因而一旦社會安定，他們便從一文不值迅速地富有起來。

尤其是資本主義時代的到來，金錢成為社會主流力量的時候，他們的經典所帶來的經商智慧，為他們日後的商業成就，打下了堅固的基礎。

猶太教義說，猶太人是上帝的特選之民，是上帝挑選出來的，因而具有極高的素質，擁有一般人所不具有的能力。他們對自己打從心裡有著多高的期望，希望自己能夠超越其他民族的人。

「凡是胸懷大志的人，最後總是會有所成就的。」《塔木德》裡這樣勸告猶太人應該擁有抱負和雄心。

猶太人向來鼓勵人應該全力發展自己的能力，拒絕抹殺個性，他們主張用自己的力量去改變他們認為不合理的東西，甚至認為個人的力量是可以影響世界的。

《塔木德》裡就有這樣的故事：

有兩個人，一個是以家世為榮的青年，另一位則是貧窮的牧羊人。那位富有的年輕人非常自豪，把自己祖先的榮耀和富有，像牧羊人狠狠吹噓了一番，然後得意地看著牧羊人。

牧羊人哈哈一笑：「那位偉大祖先的後代原來是你啊！不過你要知道，你已經是你們家族的最後一個人，我肯定是我們家族的偉大祖先。」

這個牧羊人就是不看重傳統，更不會被傳統的背景和勢力所嚇住，他相信自己的能力，相信自己可以改變自己不利的處境，他要做的就是推翻前人帶給後人的影響，而創建一個由自己主宰的新天地。

這就是猶太人。他們思想開放，崇尚自由，反對一切守舊的東西，更不會為一些僵化的觀念和傳統的做法所拘束，年老的拉比總是鼓勵年輕人按自己的意願去做事，不要害怕去嘗試新鮮的事物，即使失敗也是值得的。猶太教鼓勵人們冒險，如著名的探險家哥倫布，他的祖輩就是猶太人。為了生存的需要，他不得不表面上信奉基督教，但骨子裡還是猶太人。

猶太人的思想是開放的，他們甚至沒有國家、種族和地域等等的限制。他們為了自己能夠生存和發展，走遍了世界各個角落，這些便是現在商人的原型。

猶太商人處在這種自由的氣氛中，當機運到來的時候，他們就利用自己的技能，在沒有資本，沒有工具，也沒有錢的情況下，卻能運用經濟上的自由，沿著社會階梯向上攀登。

最會賺錢的民族

錢不是罪惡，也不是詛咒，它是給予人們的一種祝福。

——《塔木德》

在猶太人的心目中，他們居住的迦南地，是上帝耶和華賜給他們的美麗富饒的土地，是「流著奶與蜜的地方」。它處於埃及、巴比倫、亞述等幾個大國之間，而且沒有一個穩定的、統一的中央集權，於是這裡成為各國商賈往來的集中之地，四方的民族、軍隊、商旅和游牧部落都從這裡通過，而猶太人作為東道主，如魚得水地進入了市場。

在所羅門王統治希伯來王國的時候，猶太人的經商能力日漸提高。所羅門王認識到自己的王國處於國家貿易的黃金地區，便積極鼓勵臣民們經營對外貿易，大力發展航海業，從事海上貿易。他先後派船隻到達紅海和阿拉伯海從事貿易活動，每次都是滿載金銀、木材、珍珠、象牙等貴重物品而歸。

所羅門王的種種措施，使他的王國成為四方貿易的轉運站，商旅往來頻繁，也由此引導猶太人走上了經商之道，為日後猶太民族在商業上的成功奠定了良好的基礎。

此後猶太人的遭遇，幾乎就是一部四處流浪、處處遭受凌辱的歷史。為了生存，他們練就了一套獨特的賺錢、理財的本領，這是其他民族所不具有的。

在十九世紀的時候，一些德國猶太移民來到了美國。他們資金微薄，也沒有什麼技能，於是不得已四處沿街叫賣，從事小本經營。當時，來到北美的移民，平均每人身上帶了十五美元，而猶太人身上卻只有九美元。即使最富有的一群猶太人，當時身上也不過只有三十美元。

歷史學家描繪了猶太人當時起家的狀況說：「一個裝備齊全的叫賣小販，需要十美元的投資額：五美元辦一個執照，一美元買個籃子，剩下的用來買貨。為數不少的人，往往為了逃避第一筆開銷，而盡量壓縮最後一筆支出。」由此可以想像猶太人當年的窘狀。

在不過兩三年的時間裡，許多猶太人就從難民身分，變成了富有的中產階級。到了後來，這裡面竟然出現了富甲一方、聲名遠揚的戈德曼、古根海默、萊蔓、沃特海姆、羅森傑爾德、洛溫斯坦、斯特勞斯等家族，已經在北美稱雄了一個世紀。他們是依靠自己推小車或者用腳板起家的，這些成為猶太人的自豪和驕傲。

然而，這個時候，其他民族卻還是和他們剛來的時候差不多。

在二十世紀的三〇年代，《幸福》雜誌這樣寫著：「當猶太人已經成為歐洲商人和金融家的時候，這些人還在揮劍扶鋤。」

歐洲曾流行這樣一個笑話：

一個猶太職員在一家保險公司裡做得很出色，公司的老闆打算提拔他擔任一個重要的職務，但是這個老闆是個天主教徒，他希望這個猶太職員能夠放棄猶太教而改信天主教。

於是，當地一個最著名的天主教神父，被派去勸說這個猶太青年，會晤的地點，則安排在老闆的辦公室。

三個小時過去了，兩個人終於走出了辦公室，老闆迎上前去，問道：「尊敬的神父，在您的感召下，我想我們又增加了一名天主教徒，您是怎麼說服他的呢？」

「很遺憾，我們沒有多得到一位天主教徒，相反地，他勸我買下了五萬元的保險。」

世界各國的人們，對於猶太人這種無人可及的賺錢能力，甚至對猶太人產生仇恨，進而紛紛譏諷猶太人。

西班牙人說：「真正的猶太人會從稻草裡找出金子來。」

德國人說：「猶太人和妓女的要價都很高。」

波蘭人說：「討價還價像猶太人，付起帳來像基督徒。」

俄國人說：「猶太吝嗇鬼最大的懊惱，莫過於不得不放棄自己的包皮。」

匈牙利人則說：「猶太人的上帝是財神。」

【第一章】

錢是給上帝的禮物

【第一章】錢是給上帝的禮物

有一天，猶太富翁哈德走進紐約花旗銀行的貸款部，大模大樣地坐了下來。看到這位紳士很神氣，打扮得又很華貴，貸款部的經理不敢怠慢，趕緊招呼：「這位先生有什麼事，需要我幫忙嗎？」

「哦，我想借些錢。」

「好啊，您要借多少？」

「一美元。」

「只需要一美元？」

「不錯，只借一美元，可以嗎？」

「當然可以，像您這樣的紳士，只要有擔保品，就算要多借一點也可以。」

「那這些擔保可以嗎？」猶太富翁說著，從高級的名牌皮包裡取出一大把鈔票，堆在銀行櫃檯上。

「喏，這是五十萬美金，夠嗎？」

「當然夠！不過您只要借一美元？」

「是的。」猶太富翁接過了一美元，就準備離開銀行。

在旁邊觀看的銀行經理此時有點傻了，他怎麼也弄不明白，難道說，這個猶太富翁抵押五十萬美元，就只為了借一美元？他急忙追上前去，對猶太富翁說：「這位先生，請等一下，我想知道您有五十萬美元，為什麼只借一美元呢？就算借三十萬、四十萬美元，我們也會考慮的。」

「啊！是這樣的，我來貴行之前，問過好幾家金庫，他們保險箱的租金都很昂貴。只有您這裡的利息，的確很便宜，一年才花六美分。」

這就是猶太人的精明之處。

銀行是存錢的地方，也是貸款的地方，而貸款需要抵押。別人是有大量的資金需求才來貸款的，而銀行為了保證資金可以正常回收，就需要超出所借資金多一些的抵押金。

別人通常是希望借貸的資金愈多愈好，而必須的抵押愈少愈好，而他卻反其道而行，他的抵押金很高，用了五十萬美元，而借貸的資金只是一美元。這完全超出了平常人的思惟。而猶太人用很高的抵押金，來換取區區一美元的貸款，卻是合法的，且節省了租用保險箱的費用，讓你不得不佩服他們的精明，為他們擊掌叫好。

沒有錢，就沒有上帝

金錢給人間光明，金錢給眾生溫暖。
金錢讓說壞話的人舌頭發直，金錢讓舉起屠刀的人呆立發愣；
金錢為神購買了禮物，敲開了神那緊閉的門。

——《塔木德》

在很早的時候，猶太人就發現這樣的事實：金錢是現實生活的上帝。猶太人在歷史上，數次慘遭滅國之禍，他們被迫流放到世界各國。但是無論到了哪個國家，該國的人民就歧視他們。猶太人想在當地生存，就必須繳納各種高額和莫名其妙的稅捐，甚至他們日常生活中的一舉一動，都要受制於他們所納的稅捐。信奉同一宗教的人一起祈禱要納稅，結婚要納稅，生孩子要納稅，連給死者舉行葬禮也要納稅。他們稍有懷疑，別人就說他們是吝嗇鬼，假如他們少繳了什麼租金，立即就會遭到驅逐和屠殺。

猶太人所在國家的統治者們，更是時刻離不開他們的錢，他們建造豪華的宮殿，維持他們貴族的奢侈生活，顯示帝國的威嚴，和其他的國家進行戰爭，這些都需要猶太人為他們提供大量的金錢。於是出現了這樣可笑的事情，他們動輒鄙棄猶太人的吝嗇，瞧不起他們賺錢的貪婪性格，因此就把猶太人驅逐出境，但是過不了多久又把他們召回來。

因為，對他們來說，猶太人等於是他們的現金卡或提款機，不需要的時候把他們丟在一邊，甚至進行驅趕和屠殺；需要的時候，就把他們召回來，並且對他們恩寵有加，盡力巴結。沒有國家、沒有政府，他們在世界各地流浪，沒有一種力量可以保護他們的安全。他們流浪到各地，可以說沒有權力，沒有地位，沒有尊嚴，但是他們有錢。有了錢，他們在統治者眼中就是有價值的，也就得到了活下去的保障。

猶太人有了錢，但是也遭受了世人的妒忌，在世界的許多地方掀起了「反猶運動」。反猶太主義的原因固然有很多，但是十九世紀一位法國人說出了真諦：「反猶太主義，事實上是一場反猶太經濟勢力的戰爭。」猶太人明白自己是輸不起這場戰爭的，一旦失去經濟上的優勢，就是他們被遣散、驅逐和殺戮的時候。因此，為了自己的生存去獲取財富，已經成為猶太人無法逃避的宿命。

他們隨時都活在動盪中，各種災難和迫害隨時都會降臨，而只有錢可以為他們提供一點保障，讓他們感受到安全。當他們哪天遭受到各地統治者驅逐的時候，錢就可以換取別人的收留和保護；當地的人發起反猶暴亂的時候，他們可以用錢賄賂官員而求得一條生路；他們外出做生意的時候遭到盜匪的搶劫，錢可以贖回他們的生命。錢是他們須與不可少的東西，錢對於猶太人來說，是他們能看得見的、摸得著的、實實在在的「上帝」，是可以永遠保護自己、讓自己平安的「上帝」。

金錢，讓世間的權勢們都匍匐在它的腳下，讓猶太人真正能夠站立起來，重新獲得對他們的尊敬。在這種情況下，賺錢成了猶太人的一種原始本能，就像手還未碰到眼珠，眼睛就會自己闔上那樣一種原始的本能。對猶太人來說，錢掌握他們的生死，在他們的生活當中，錢始終居於生活中心的地位，人生如果是〇，錢就是一。

猶太人因為有錢獲得了保護和安全，但也因為他們實在是富可敵國，遭到了世人的嫉妒和仇恨，他們只好再次拚命地賺錢來獲取更大的保護，為了賺更多的錢，他們不得不讓自己賺錢的能力愈來愈精湛，他們理財、生財、發財的本領愈來愈高，而他們也就變愈來愈富有。

於是，猶太人為了賺錢，幾乎變成了經濟的動物。

有這樣一則笑話：

一位銀行家的兒子取得博士學位後，改信了基督教。這件事深深地傷了這位猶太教徒老爸的心，儘管兩個孫子經常來看他，他仍然悶悶不樂。有一天，銀行家看到兩個孫子在玩紙牌，便問他們在玩什麼遊戲？

「我們在玩銀行家的遊戲。」孫子們不假思索地說。

老頭一聽，十分高興：「孫子身上仍然留有我的血統！」

這個故事告訴我們，為了自己的前途，有些猶太人加入了基督教，但是猶太人崇拜金錢的習慣，卻絲毫沒有改變。對於猶太人來說，錢才是真正的上帝。

錢是回饋神的禮物

讚美富有的人，並不是讚美人，是讚美錢。

——《塔木德》

錢可以買到做人的尊嚴，可以買到社會地位，因此要獲得幸福的生活，必須先有錢，才能在精神上愉快，生活才可以過得舒服，心情才會高興，而貧窮的人臉上，則是寫滿了滄桑和苦難。沒有好的生活，人容易悲傷和衰老，心情也苦悶。

因此，在猶太人看來，錢是讓人生幸福的前提，世人就應該擁有錢。他們把錢和上帝連結在一起，如果沒有錢，甚至連給上帝的禮物都沒有，也就是說，沒有錢，連上帝也不要了。

猶太教的經典是這樣說的：「錢是美好人生的象徵，是上帝給我們的禮物。」

二次世界大戰後，駐日本的聯合國軍某司令部裡，猶太士兵總是無端地受到多方的歧視，根本沒有尊嚴可談。猶太士兵只要走過，白人士兵必然要滿懷憎恨而輕蔑地罵幾聲，任何人都可以隨時議論挖苦猶太士兵一番，而猶太士兵雖惱火卻無可奈何。

有個叫威爾遜的猶太人，由於他的軍階僅僅是低微的下士，因此更是受盡了白人士兵和高級軍官們的歧視，大家都看不起他，背地裡經常議論他，他也飽嘗了人們對他的各種侮辱。但是他擁有猶太人聰明的頭腦。一開始他口袋裡也沒有錢，於是他就省吃儉用，存了一筆小錢，然後把這筆錢放出去借給別人。

白人士兵花錢如流水的現象很普遍，他們總是等不到發薪水時，就囊中羞澀了，他們看到威爾遜有錢，只好向他借。威爾遜就借錢給他們，同時還要求他們在一個月內還清，且借貸的利息很高，但是那些士兵們只要有錢借，早就管不了那麼多了。

威爾遜收到這些利息之後，總是先存起來，再借給那些士兵們。對於沒有錢可還的人，威爾遜就讓他們把一些值錢的東西做抵押，容後再高價賣出，這樣，過了沒多久，威爾遜就開始享受富裕的生活，他還買了兩部車和別墅，他變成了士兵裡的「大戶金主」，這些待遇即使是高級軍官也未必享受得到。

那些經常口袋空空的白人月光族士兵，再也不會對威爾遜趾高氣揚了，相反地，他們都對威爾遜尊敬不已。

威爾遜用財富為自己贏得了尊嚴。錢不僅僅可以買到尊嚴，還可以買你所想像不到的很多東西，這些東西都和錢有關係。有了錢，你就擁有了大家仰慕的生活方式，有了大家對你的恭維和羨慕，你還擁有了發言的權利。

「有錢笨蛋說的話，人們會洗耳恭聽；相反地，貧窮智者說的箴言，卻沒有人記得住。」

在今天，錢已經是成功的標誌和人生價值的重要衡量標準，在一些人的眼裡，甚至是唯一的衡量標準。

猶太人洛克菲勒在獲得了巨大的財富，變成當時的世界首富的時候，依然感覺怏怏不樂，因為他知道這些錢還沒有發揮它們的作用。當別人勸他把這些錢留給他的孩子們時，洛克菲勒相當激動地回答：「哦！他們不需要這些錢，這些是從大眾那裡來的，因此也應該回到大眾那裡去，到它們應該發揮作用的地方去。」

洛克菲勒因此成立了以自己名字命名的「洛克菲勒基金會」，他幫助成千上萬食不果腹的孩子，讓他們可以吃飽飯，並且讓他們上學接受教育，讓他們成為對社會有用的人。

他的基金會主要投資在醫療教育和公共衛生上面，先後投資達七．五億美元，是世界上最大的慈善機構。而且他還讓自己的孩子們，盡可能地把錢花在那些需要錢的人身上，他們的孩子秉承了他的願望，整個洛克菲勒家族的捐款和贊助高達十多億美元。

對於洛克菲勒來說，金錢對他已經不重要了，他用錢證明了自己是一個成功人士，他擁有的財富，是他對社會貢獻的標誌。而且他要別人明白，金錢只是他幸福人生的一個尺度，是他高尚人生信念的一種表達。

貧窮，比任何苦難還恐怖

不一定貧窮的人什麼都對，富有的人什麼都不對。

——《塔木德》

人們都在問，猶太人的生命為什麼會如此頑強？即使歷盡劫難也不滅亡？答案，或許就在「錢」這個字。

猶太人認為，錢不過是交易時的一種符號和媒介，我們看見、觸摸到的，只是錢所採取的暫存形式，並不是錢本身，錢的最純粹形式是「信用」，它在銀行存簿劃來劃去的過程中存在，但誰也沒有看見過「信用」長的是什麼模樣。況且，錢並不就等於財富，黃金也好，鑽石也好，都只是代表財富的原始形式，但不方便攜帶及交易和換算。

在大家眼中，錢，通常是現鈔或紙幣，才能算是真正的錢。

事實上，紙幣只是一種信用符號，對紙幣的認可，其實是對某個發行紙幣國家信用的肯定；例如你買美金，事實上是買對美國發行美金能力的肯定；而你拿美金去消費或交易，人家會收美金，也代表人家相信你手上拿的美金紙鈔，可以得到美國政府的背書和保證，可以換取等值的物品或其他貨幣，而不只是一張紙。

這樣的觀念或許令人大感意外，其實，這種意外只能證明：那些感到意外的人，尚未達到猶太人看錢的那種超然層次。任何在潛意識還無法接受錢的「現實面」的人，都不算是真正的「猶太人」。

事實上，在猶太人尤其是猶太商人眼中，那些為了取得「錢財」上的成功而放棄猶太人信仰的人，仍然會被別人視為猶太人，只要他們骨子裡還有猶太人對錢的超然觀念。

在著名的猶太銀行家中，倫敦的哈姆勒、紐約的貝爾蒙特、柏林的布萊希羅德都信奉了基督教；北美獲利最大的出版商——紐豪斯報館的所有人塞謬耳．紐豪斯，只僱用非猶太人的編輯或發行人；甚至那些已經在全美知名大學中獲得學術地位的教授，也有許多人已不再把自己當作猶太人了。

然而世人仍把他們都看作是猶太人，而且根本不理他們的宗教信仰是否發生過變化。相反地，或許是從這種為爭取成功，而不惜犧牲其他價值的行為上，人們找到了界定猶太人的標準。

這意味著，在生物學基因不足以界定猶太人的民族身分，而必須輔之以宗教的時候，我們發現，單單是宗教信仰，也不足界定猶太人的文化身分，而必須從他如何追求成功，如何對待金錢的態度上去認定。因為它才是最直接，也最有說服力的一種檢驗方式，才能確定一個人是否為真正的猶太人。

自從猶太人大規模流亡以來，儘管從絕對數量說，猶太人畢竟與一般民眾一樣，較多地從事農工畜牧的生產活動，但作為寄居城市的獨特生存狀態，猶太民族始終保持著一個商人民族的身分。

當然，這是有著特定歷史背景的，在相似的社會條件下，如亡國或受迫害等，生存下來的民族，絕不僅僅是猶太民族一個，但唯有這個民族走上了「專業商人」民族的道路，而且還極順利，儘管屢遭驅逐甚至殺戮，被一再剝奪得兩手空空，但只要有機會，猶太人就可以透過商業活動，富裕起來。

這猶如沙漠中一顆晒乾的種子，只要一場小雨，馬上就會萌芽而茁壯成長起來。只要猶太人的春雨一到，馬上就會繁茂起來。

中世紀歐洲各國就是借猶太人來發展商業，尤其是法國，竟在兩百年中六次召來猶太人又六次驅逐猶太人，猶太人簡直成了他們發展本國商業招之即來、揮之即去的提款機。

用一個日本商人的話來說：「信仰猶太教的猶太人，做生意確實有一套本領。生意人如果都去做猶太教的信徒，那麼世界上就不會有戰爭，人人都可以賺大錢，世界就變成了樂園。也許幾百年後，地球上所有的人都會成為猶太教的信徒。」

這個日本人就是自封為「銀座的猶太人」的藤田，實際上他就是成功的生意人。

從這個層面來看，我們可以發現，猶太人何以能夠倖存下來的關鍵：只要有錢流通的地方，就自然地需要猶太人，因為大家少不了他們，因為大家都需要他們的財富。

錢的「準神聖性」

金錢雖非盡善盡美，但也不致使事物腐敗。

——《塔木德》

在現代社會中，人們對錢的迷戀，或許還算不上是一種罪惡和變態，但在兩千多年前就不一樣了，《塔木德》中就有這樣的一句諺語：「錢賜予我們向神購買幸福的機會。」

這種對錢的態度，可以真切地反映出一個社會、一個民族或一種文化對「資本主義」的熱愛和接受程度。在這一點上，猶太人的民族起源與歷史遭遇，無疑有著決定性的作用。

猶太人的長期流亡，使他們不可能鄙視錢，因為每當形勢緊張，他們重新踏上出走之路時，錢是他們最便於攜帶的東西，也是他們讓自己在旅途中生存下來的最重要手段。

猶太人的宗教異端身分，也使他們不可能鄙視錢，因為錢沒有氣味沒有色彩，是猶太人在和其他宗教教徒打交道時，唯一不具異端色彩的東西。

猶太人的寄居地位，也使他們不可能鄙視錢，因為他們原來就是用錢，才買下了在一個國家中生存的權利。猶太人繳納的人頭稅和其他特別稅，名堂之多、稅額之重，絕無僅有。

「猶太人若非自己在經濟方面有過人之處，早就被消滅殆盡了。」這是猶太人與非猶太人之間為數不多的共識之一。錢愈多，也就代表意外發生的可能性愈小，所以賺錢並不是為了滿足生活的需要，而是為了滿足對安全的需要。至今在猶太人家庭中還有一種習慣——留給子女的財產，不應該比自己繼承到的財產少。這種心願代表著猶太人對後輩擁有平安幸福的祈願。

所有這一切都證明，在其他民族對錢還抱有一種莫名的憎惡甚至恐懼時，猶太人在錢這一方面已經從單純的經濟學，向文化學、社會學的時代跨越——錢已經成為一種獨立的尺度，一種不以其他尺度為基準，而是可以凌駕於其他尺度之上的尺度。

因此，猶太人的賺錢行為或日後的經營謀略，早已成了一種合理自在的行為。

這種資本精神的確立，為商業化資本化席捲一切的大潮，開啟了閘門，從此，世間的一切紛紛墜落到商品和市場的大海。它們原先的神聖性，不管是宗教的、倫理的、美學的、情感的還是其他什麼的，都不復存在，或者至少都清一色地被抹上了一層金黃色、銅綠色或者浮水印痕。

猶太人在生活上的禁忌之多、之嚴是各民族中所不多見的，而且兩千多年一以貫之，至今極少改變。但是在經濟領域和商業活動上，猶太人在經商時的百無禁忌，卻是各民族中所不多見的，現代世界的許多原先非商業性領域，大都是被猶太商人打破禁忌，而納入商業世界。這也和猶太商人最早確立錢在宗教上的「準神聖性」，有著很大關係。

在錢的無聲指令下，一切有利於資本發生、形成、發展、增值的設施、機制和要件，自動地建立了起來。世界市場的開拓、經濟秩序的確立、金融作用的實現、政治權力的駕馭以及種種觀念規範，都有條不紊地一個個出現，而對現代資本主義帝國的建設，最忙碌、貢獻最大的人必然是猶太商人。

在不同的歷史時期，確實有不同民族的商人，出現在人類經濟發展的關鍵時期，而猶太商人在確立錢的「準神聖性」地位上先行一步，因此，成了向資本市場進軍的尖兵，成了名副其實的「商人的原型」。

錢的「準神聖性」地位的確立，讓猶太人在追求物質利益的行為上，少了其他民族中常見的種種觀念上的障礙，使猶太人可以自由施展賺錢的才幹。

猶太人對錢的認同、邏輯、機制的認識，向我們展示了猶太人生存機制中的一種內在動力。賺錢成為猶太人的人生第一件大事，這一內在動力，使猶太民族能夠隨商業發展和資本主義的抬頭，發揮驚人的力量。這正是他們成為真正的商人民族，也是成為「世界第一商人」的內在原因。

錢，絕不分高低貴賤

金錢平等，因此，人格平等；懷有賺大錢的欲望是好的。
金錢對於任何人來說，都是平等的，它沒有高低貴賤的差別。

——《塔木德》

有一位演講者在一個公開場合演講，為了證明人在任何時候都要看得起自己，他拿起了五十美元紙鈔，高舉過頭頂。「看，這是五十美元，全新的五十美元。有誰想要？」結果所有的人都舉起了手。然後，他把這張紙鈔在手裡揉了揉，紙鈔變得皺巴巴的了，然後又問觀眾：「現在還有人想要這五十美元嗎？」

所有的人又舉起了手。他把這張紙鈔放在地下，用腳狠狠地踩了幾下，紙鈔已經變得又髒又爛了。他又拿起這張紙鈔問：「現在還有人想要嗎？」

結果還是所有的人都舉起了手。

於是他說：「朋友們，錢在任何時候都是錢，它不會因為你揉了它，你把它踩爛，它的價值就會有任何變化，它依然可以在商店裡消費，它永遠都是有價值的。」

為什麼那張鈔票在演講者的手裡揉皺了，又被踩髒弄破了，還是有人想要它呢？因為，鈔票就是鈔票，鈔票是沒有高低貴賤的，它不會因為受到了什麼待遇就有所差別，它還是和以前一樣的價值，和其他等值的鈔票的價值是一樣的，只要價值一樣，鈔票都是平等的。

猶太人就是這樣的觀念，所以他們總是不怕生意難做，即使連最小的生意也不會放棄，因此，在他們的經商歷史中，他們喜歡把「鈔票不問出處」這句話掛在嘴上。

錢是貨幣，是一個人擁有的財富多少的標誌，它本身不存在貴賤問題。猶太人的賺錢觀念和我們的傳統觀念不一樣，他們絲毫不認為拉三輪車、扛麻袋就低賤，而當老闆、做經理就高貴，錢在誰的口袋都一樣是錢，不會到了另一個人的口袋就不是錢了。

由於對錢保持一種平常的心態，甚至把它看得如同一塊石頭、一張紙，猶太人才不會把它視若鬼神，不把它分為乾淨或骯髒，在他們心中錢就是錢，因此，他們孜孜以求地去獲取它，失去它的時候，也不會痛不欲生。正是這種平常心，使得猶太人在驚濤駭浪的商海中馳騁自如，臨亂不慌，取得了穩操勝券的結果。

賺錢有術的猶太人數不勝數，以放債發財的亞倫，就是典型的例子。這位移居英國的猶太人從打工開始，用一點小積蓄做些小生意。

由於生意擴大，他需要資金周轉，不得不向錢莊或銀行借錢。他在借錢的經驗中發覺，向別人借錢的代價確實太高，往往與商業經營獲得的利潤相差無幾。他想，自己辛辛苦苦賺錢給銀行，而且風險比銀行還大，倒不如自己從事放款業務來得划算。

幾年後，他開始了放款業務。他一邊維持小生意經營，一邊抽出部分資本貸給急需用錢的人。

此外，他又從銀行貸來利率比較低的錢，以較高的利率轉貸給別人，從中賺取差額利潤。有些等錢應急的公司或個人，寧願以月息二〇％借貸，這樣，等於一百元放貸一年，可獲得二四〇％的回報率，這比投資做買賣更能賺錢。

亞倫就是盯著這個賺錢的路子，迅速走上發財之路的，亞倫六十三歲逝世時，留下的錢財是當時英國首屈一指的。

猶太人的經商活動，有一個看似簡單卻很難做到的成功關鍵，就是：他們對顧客總是一視同仁，而不帶一絲成見。在猶太人看來，因為成見而壞了生意，簡直是太不值得了。

猶太人散居世界各地，對各國人他們都視為同胞。無論是住在華盛頓、莫斯科或倫敦等地，猶太人和各國客戶之間，都經常保持密切的聯繫。

要想賺錢，就得打破既有的成見，這是猶太人經商悟出的心得，就像錢沒有骯髒和乾淨之分，猶太人對客戶也是不區分的：只要能賺錢，能從你手中得到錢，什麼事都可以做。

在猶太人的腦海裡，在進行貿易往來時，無論你是美國人還是俄國人，無論你是歐洲人還是非洲人，只要你和他的這筆交易，能給他帶來利潤，他就可以和你交易。

我們知道，金錢是沒有國籍的，所以，賺錢就不應當區分國籍，也不應該為自己設下賺錢的種種限制。由於聰明的猶太人對金錢不問出處，這也證明了他們的觀念是完全開放的，絲毫不受世俗觀念的拘束。在他們的眼裡，什麼生意都可以做，什麼錢都可以賺，只要是不違法或損人的事。

正是因為猶太人認識到金錢的本質，所以，猶太商人在投機時，對於所利用的東西，是不存在一點感情的，只要有利可圖，且不違法的事情，拿來用就是了，完全不必考慮太多。

他們的目的就是賺錢，他們所信奉的真理，就是做生意，就是盡一切力量去獲得最大的利益。哈默就是最典型的代表。在蘇聯剛剛成立時，世界上的資本家都不敢涉足於這個國家，只有這個猶太人膽大包天，敢與蘇聯做生意，而且還在蘇聯發了大財。

猶太民族是個注重契約的民族，然而，這種態度並沒有讓猶太人把合約書都供奉在神龕裡。相反地，只要有買主賣主，合約本身也是商品，只要有人買，合約同樣可以拿來買賣。

《塔木德》對酒的評價並不高，深信「當魔鬼想要造訪某人，而又抽不出空時，就會派酒做自己的代表」。喝醉的人和鬼相差無幾，因此，《塔木德》叮囑猶太人：「錢應該用來買賣做生意，不應該用來買酒。」

然而，諷刺的是，世界上最大的釀酒公司「施格蘭釀酒公司」的老闆，就是猶太人。

賺錢是一種遊戲

金錢不神聖，不是高不可攀的聖物。

——《塔木德》

有許多猶太大亨，他們手中掌握著數以百萬、千萬，甚至億萬財富的時候，他們感覺手裡拿的不過就是一堆紙而已，不覺得這就是會為人帶來禍福安危的東西。

如果他們把金錢看得很重，就不敢再那樣心不跳、氣不喘地賺錢了，也不敢那樣拚命賺取財富了。要想賺錢，就絕對不能給自己增加心理負擔，而且應該十分從容地、冷靜地對待，對金錢不感興趣自然賺不到錢，然而倘若把金錢看得太重，也就給自己背負了沉重的包袱，這個時候，你所需要的，就是澈底忘掉錢這回事，千萬不要再把它當作是一種沉重的負擔才好。

猶太人注重金錢，認為金錢是萬能的上帝，金錢在他們眼中顯得無比神聖，但是在賺取金錢時，他們已經把金錢當作是一種十分普通的東西，和紙張、石頭一樣，絲毫不覺得金錢有燙手的感覺。

猶太人只把金錢當作是一種很好玩的物品，它在刺激著每個人的神經去高度投入它，人們投入資金時，就是投入了一次次危險且有趣的遊戲，當這個遊戲勝利的時候，也是十分有意思的。

猶太人這樣形容自己：「在賺錢的時候，你就進入了一個遊戲的世界，作為遊戲的參與者，你要不停和對手較量，你要用一切手段來勝過其他的人，你要超越所有的人，才可以贏得最後的勝利。」

著名的金融家摩根就是這樣的賺錢觀念，也就是絕不讓賺錢變成一種沉重的負擔，而是一種新鮮刺激的遊戲，他認為只有以這種遊戲的心態去賺取金錢，才是正確的賺錢態度。

摩根對賺錢甚至達到痴迷的程度，他一直有一個習慣，每當黃昏的時候，他就到小報攤上買一份報導股市收盤的晚報回家閱讀，當他的朋友都在忙著怎樣娛樂的時候，他則說：「有些人熱中於研究棒球或者足球，我卻喜歡研究怎樣賺錢。」

談到投資的時候，他總是說：「就像在玩撲克牌時一樣，你必須認真觀察每一位玩家，而且要能看出誰是冤大頭？如果看不出，那這個冤大頭就是你。」

他從來不亂花錢去做自己不喜歡的事情，他總是琢磨怎麼賺錢。他的同事開玩笑說：「摩根你已經是百萬富翁了，感覺滋味如何？」

摩根的回答讓人玩味：「凡是我想要的東西，而又可以用錢買到的時候，我都能買到，至於其他人所夢想的東西，比如名車、名畫、豪宅我都不為所動，因為我不想要。」

他並非為錢而生活的人，他甚至不需要用錢來裝飾生活，他只是喜歡遊戲的感覺，那種一次次投入資金，又一次次把錢賺回來的感覺，充滿了風險和艱辛，但也很刺激，他就是喜歡刺激和成就感。

摩根說：「金錢對我來說並不重要，而賺錢的過程，不斷接受挑戰才是樂趣，不是要錢，而是賺錢，看著錢滾錢才是有意義的。」

吝嗇的有錢人

吝嗇有時候和節儉一樣，是一種優秀的品德。

——《塔木德》

世界上到處流行這樣的說法：「猶太人是吝嗇鬼。」也就是說，猶太人對金錢十分吝嗇，花錢的時候非常小氣。然而，猶太人為自己的吝嗇感到高興，因為，身為商人，對物品的斤斤計較和對金錢分分毫毫的計算，是商人的本能反應，對猶太人來說，這簡直是對他們精明投資的一種褒揚。

「緊緊地看住你的錢包，不要讓你的金錢隨意地出去，不要怕別人說你吝嗇。你的錢每花出去一分，都要有兩分錢的利潤的時候，才可以花出去。」

猶太人巨富洛克菲勒是這個信條虔誠的遵守者。節儉在他的一生裡都是很重要的行為。

洛克菲勒早年在一家大石油公司做焊接工，任務是焊接裝石油的巨大油桶。要焊接就會有焊接的鐵渣掉落，他細心地發現他每焊接一個油桶要掉落的鐵渣，每次不多不少正好是五〇九滴，他想要焊接那堆得像山一樣的油桶，要浪費多少焊條呀！

於是他改進了焊接的技術和焊接的方法，讓每次滴落的鐵渣正好是五〇八滴。這樣這家石油公司全年就可以省下高達五．七億之多的成本。而洛克菲勒本人也因此獲得一次極佳的晉升機會。

當他有了一些積蓄後，他開始自己創業。由於剛開始步入商界，經營舉步維艱，很快就花完了他好不容易積攢的一點錢。於是他苦思冥想怎樣發財，卻苦於沒有方法。

有天晚上，他從報紙上看到一則書籍廣告，推銷發財祕訣。他看到後高興極了，第二天到書店去買了一本。他把書打開一看，只見書內僅有「勤儉」兩字，就沒有其他內容了，使他大為失望。

後來，他反覆思考這個「祕訣」的「祕」在哪裡？起初，他認為書店和作者在欺騙他，一本書只有這麼簡單的兩個字，他想控告他們欺騙讀者。後來，他愈想愈覺得此書言之有理。

確實，想要發財致富，除了勤儉之外，沒有其他辦法。這時，他才恍然大悟。此後，他將每天要用的錢盡量節省下來，同時加倍努力工作，千方百計地增加一些收入。

這樣堅持了五年，積存下八百美元，然後將這筆錢用於經營煤油。在經營中他精打細算，千方百計地節省開支，把大部分盈利儲存起來，到了一定時間，再把它投資到石油買賣中，累積利潤。

就這樣，如此良性循環下去，如滾雪球般使他累積的資本愈來愈多，生意也愈做愈大。

經過三十多年的「勤儉」經營，洛克菲勒成為北美最大的三個財團之一，其所屬的石油公司，年營業額可達一一〇〇多億美元。

努力掙錢是行動，設法省錢是智慧。巨大的財富需要努力才能得到，同時也需要杜絕漏洞才能積聚。洛克菲勒成為億萬富翁後，他的經營管理也是以節約為重點策略。他對部下的要求是，每提煉一加侖原油的成本，要計算到小數點後的第三位，每天早上他一上班，就要求公司各部門將一份有關成本和利潤的報表送上來。

多年的商業經驗，讓他熟稔了經理們報上來的成本開支、銷售以及損益等各種會計報表，他也常常能從中發現問題，並且以此指標考核每個部門的工作。

西元一八七九年的一天，他問一個煉油廠的經理：「為什麼你們提一加侖原油要花一九．八四九二美元，而東部的一個煉油廠做同樣的工作只要一九．八四九美元？」

正如後人對他的評價，洛克菲勒是統計分析、成本會計和單位計價的先驅，也是典型撐起大企業的關鍵「拱頂石」。

到了老年，有一天，他向他的祕書借了五美分，當洛克菲勒還錢給祕書的時候，祕書不好意思要，洛克菲勒當即大怒：「記住！五美分是一美元一年的利息，怎麼可以不要？」

很多猶太人老闆，對任何開支都是精打細算，盡量降低成本，減少費用，他們總是說：「要把一塊錢當兩塊錢來使用。如果在一個地方錯用了一塊錢，並不只是損失一塊錢，而是損失兩塊錢。」

猶太人的用錢原則就是這樣，只把錢用在該用的地方，他們認為不該用的地方，是一塊錢也不會花出去的。洛克菲勒說過：「對錢必須有愛惜之情，它才會聚集到身邊，你愈尊重它，珍惜它，它愈會心甘情願地跑進你的口袋。」

另一位猶太人也是以崇尚節儉、愛惜錢財著稱的——連鎖店大王克里奇，他的商店遍及全美五十個州和國外很多地方，他的資產數以億計，但他的午餐從來都只花一美元左右。

克德石油公司老闆波爾．克德有一天去參觀一個展覽，看到購票處一塊牌子寫著：「五點以後入場，半價收費。」

克德一看手錶是四時四十分，於是他在入口處等了二十分鐘後，才購買了一張半價票入場，節省下〇．二五美元。你可知道，克德公司每年收入上億美元，他之所以節省〇．二五美元，完全是受他節儉的觀念所影響，這也是他成為富豪的原因之一。

猶太人特別是猶太商人不管多麼富有，絕不會隨意揮霍錢財，在宴請賓客時，以吃飽吃好為主，不會講排場亂花錢。在生活中，以積蓄錢財為上，不要用光吃光，手頭空空的。

猶太人估算過，依照世界的標準利息來算，如果一個人每天儲蓄一美元，八十八年後可以得到一百萬美元。這八十八年時間雖然長了一點，但每天儲蓄兩美元，大都在實行了十年、二十年後，很容易就可以達到一百萬美元，因為這種有耐性的積蓄，可以運用在很多投資上，也因此才有許多意想不到的賺錢機會。可見對金錢除了愛之外，還要珍惜，也就是說，除了想發財外，還要想辦法保護已有的錢財。猶太人的這些金錢觀念是很有道理的，這就是猶太人經營致富的祕訣。

猶太富商亞凱德說：「猶太人普遍遵守的發財原則，就是不要讓自己的收入不敷使用，如果支出超過收入便是不正常的現象，更談不上發財致富了。」

猶太人認為，不要把支出和各種欲望混為一談。各人都有不同的欲望，可是這些欲望是各人的收入所不能滿足的，因此，切不可把自己的收入花在不能滿足的欲望上面，因為，有很多欲望基本上是永遠不能滿足的。

猶太人認為欲望好像是野草，農田裡只要有空地，它就生根滋長，繁殖下去。欲望就是如此，只要你心裡有欲望，它也會生根繁殖。欲望是無窮無盡的，但是你能做到的卻是微乎其微。人們要仔細研究現在的生活習慣，因為，即使有些支出是必要的，但是經過思考後這些支出或許可以取消。

別以為億萬富翁有那麼多金錢，一定可以滿足自己的每一個欲望，這種想法是不正確的。身為億萬富翁，他的時間有限，精力有限，他能走的路程也有限，他吃進胃裡的食物也有限，而且他的享樂範圍也有限。但一個人的欲望是無窮無盡的，這些欲望是永遠都不會得到滿足的，如果把自己的收入花在不能滿足的欲望上面，就會陷入欲望的無底洞中，永遠不會積累資本發財了。

這就是猶太人，他們善於提防金錢的損失。《塔木德》說：「任何人對待金錢都要謹慎，否則就要損失金錢。先要學會看管少數金錢，才可以管理更多金錢，這是最聰明的提防金錢損失的辦法。」

當某個可以獲得大筆金錢的投資機會出現時，有些人被它所迷惑，蠢蠢欲動參加投資，那是可能導致金錢損失的行為。

《塔木德》指出：「本金有安全保障的投資，才是第一流的投資原則。為求高利潤而喪失本金的投資事業，是愚蠢的冒險。作為投資者，不要被急於發財的欲望所蒙蔽，必須要仔細調查研究，當你有了充足證據，而且沒有冒險成分存在的時候，才可以拿出部分金錢來投資。」

猶太人有句格言：「花一美元，就要發揮一美元一〇〇%的效益，同時把支出降到最低點。」

摳錢一生窮，花錢發大財

上帝把錢當禮物送給我們，目的在讓我們購買這世間的快樂，而不是讓我們摳起來還給祂。

——《塔木德》

資本主義是讓資產不斷增值的遊戲，可讓錢多起來，應該把整個世界的錢為自己所用。猶太人的經營原則是：沒錢的時候就借，等你有錢了就可以還了，不敢借錢是永遠不會發財的。摳錢只會讓人變得愈來愈貧窮，因為連他的思惟也貧窮了；敢賺錢會讓人富有起來，因為這是一個富人才有的思惟。太摳錢是成不了富翁的，只有敢賺錢才能成為富翁，這是一個很簡單的道理。並不是說摳錢是錯誤的，問題的關鍵是一味摳錢，該花錢的時候，就會太吝嗇而因小失大，這會讓你沾上貧窮的基因，讓你永遠也沒有發財的機會。

一個人的思惟和氣度決定了他將來是否可以擁有財富。富人的思惟創造財富，自然讓他表現出富人的慷慨和大度；貧窮的思惟造成人的貧窮，因為，你只得到窮人的卑微和小氣。

人太窮了，就會整天為生存而奔忙和勞碌，他所想到的就是簡單的生存，沒有時間去想其他事情了，他的頭腦裡沒有了想發財的渴望，也就失去了成為富人的條件。

猶太巨富比爾・薩爾諾夫小時候生活在紐約的貧民窟裡，他有六個兄弟姊妹，全家只靠父親在做一個小職員的微薄收入，生活非常貧困，他們把錢省了又省，才可以勉強度日。

到了他十五歲的那年，他的父親把他叫到身邊，對他說：「小比爾，你已經長大了，要自己養活自己了。」小比爾點點頭，父親繼續說：「我拚了一輩子，也沒有給你們留下什麼，我希望你能去經商，這樣才有希望改變我們貧窮的命運，這是我們猶太人的傳統。」

比爾聽了父親的忠告，於是去經商。三年之後，就改變了全家貧窮的狀況，五年之後，他們全家搬離了那個社區，七年後竟然在寸土寸金的紐約買下了一棟房子。

猶太人世代都在經商，因為，他們知道只有經商才能賺取很多利潤，才能徹底改變自己貧窮的命運。就這樣，一代代猶太人經商，賺取了讓世人瞠目結舌的財富。但賺錢是一個需要智慧的遊戲，想要成為一個富人，不但要有智慧，而且要付諸於行動，只有這樣，才能躋身富人的行列。

「大氣魄地花錢，過舒適的生活，始終記住——不要按你的收入來過日子！這樣能使一個人變得有自信。」

好萊塢巨頭之一的路易斯・塞爾茲尼，就這樣教育他的兒子大衛，大衛後來成為電影《飄》的製片人，這句話也成為風行好萊塢的致富原則。

只有使勁地賺錢，使勁地花錢，這才是富人的做法。

卡恩站在百貨公司前面，目不暇給地看著形形色色的商品。他身旁有一位穿得很體面、抽著雪茄的紳士。

卡恩恭恭敬敬地對那位紳士說：「你的雪茄很香，好像不便宜吧？」

「兩美元一支。」

「真不便宜……那您一天抽幾支呀？」

「十支。」

「天哪！您抽多長時間了？」

「四十多年前就開始抽了。」

「什麼？您仔細算算，如果您不抽這些菸，都足夠買下這家美麗的百貨公司了！」

「噢，這家百貨公司就是我的！」

猶太人說，生活要過得幸福和開心，日子一定要有享受的感覺，不要怕花錢，相反地，要大把大把地花錢。猶太人喜歡在那些裝飾考究、豪華的飯店吃晚餐，而且一吃就是兩個小時，吃得非常豐盛。他們一邊吃一邊聊天，不時地哈哈大笑，那樣子十分愜意。

這讓想要拚命追上猶太人的日本人自慚形穢，日本人花錢相當吝嗇，他們一天到晚只是拚命地省錢和拚命地工作。於是，他們的生活裡就只有工作，為了工作，連吃飯的時間都要盡量縮短，甚至覺得人可以一直工作，最好都不用吃飯睡覺。日本人見了猶太人這種生活方式，大覺羞愧。猶太人相信絕不要對自己吝嗇，因為，這是一種貧窮的表現。

對於一個商人來說，賺錢的時候，有運籌帷幄的能力，花錢的時候，就大把大把地花。這樣，才顯示出商人的胸懷和自信、氣定神閒、從容不迫，才算是一個真正的商人。

喬治・蕭伯納在他的《巴波拉市長》中這樣說道：「最大的罪行和最壞的罪行是貧困。」財富是進入社會的通行證，而窮人則是罪惡的開始，富有是社會安定的基礎。為了人生的幸福，你萬萬不可貧窮，貧窮是人生的罪惡，生活的富裕不但是一種抱負，更是人生的一種義務。擁有了財富，你才能得到別人的尊重，你的地位才能提升，否則，就不被大家所認可。

莎士比亞的名劇《威尼斯商人》就告訴人們，金錢對於人生的重要性。

安東尼奧是個破產的商人，他借了商人夏洛克的高利貸，但是不幸的是，他的商船在海上遭遇了暴風，貨物全部沉沒海底，按照他們的契約，如果安東尼奧不能按時歸還貸款，就要割下他身上的一磅肉作為賠償。

幸虧他的未婚妻格西婭巧扮律師，以割肉不能流血為條件，才擺平了夏洛克。

安東尼奧為了自己的事業，在沒有錢的情況下，居然連不還錢就割下身上一磅肉作為賠償這樣苛刻的條件也答應，這說明人在貧困的時候，其困難和無助之情，就像落水的人一樣，即使你給他一把刀子，他也會毫不猶豫地抓住。

幸虧這份合約有漏洞，他才得以保全身上那一磅肉，否則，這肉割下來，不僅自己丟了小命，心愛的未婚妻也不知道會多痛心，而這一切的罪魁禍首不過是區區三千美元。這三千美元就決定了一個人的寶貴生命，和一個家庭的幸福。可見，金錢的威力在這個社會是多麼強大。

不論在古代還是現代，金錢在社會的力量是絕不能低估的。如果沒有金錢，就很少有人會看得起你，你也只能處於一種孤立的邊緣地帶，處於社會的弱勢地位。

猶太人曾說：「富親戚就是近親戚，窮親戚則是遠親戚。」中國也有這類說法：「富在深山有遠親，窮在都市無近鄰。」這道理說明了金錢的力量，是不可低估的。

猶太人的歷史一再驗證了這個事實，他們沒有錢的時候，只能處於社會的底層，人們都看不起他們，說他們是猶太鬼，他們走到哪裡都會受到凌辱和壓迫，而等到他們有了錢，就可以和貴族平起平坐，讓人們對他們欽慕和妒忌不已。

猶太人終於認識到了：在社會中，沒有錢的人，注定是可憐人。如你想獲得尊嚴和有品質的人生，就必須有錢。

「人為什麼活著？為了吃飯！難道不是為了工作嗎？人生是為了吃飯才必須工作，而不是為了要工作而必須吃飯。生活就是為了吃飯，為了享受世間的快樂，這是人拚命賺錢的原因。」

一個猶太人見了另一個人，就問對方：「你多大了？」

「我五十歲了。」

「那你還可以享受十年。」

這個猶太人問一個老人他多大了，似乎很不禮貌，但是他的回答說明了他的人生態度，他的生命還有十年，應該好好享受這生命中的最後十年。

猶太人始終認為活著就是為了享受，人應該在條件容許的情況下，盡可能享受。

另一位住在芝加哥的猶太人已經七十歲了，卻要買一間很豪華的公寓，別人覺得很奇怪，問他：「你年紀這麼大，也就只有幾年的壽命了，還要這麼大的房子幹什麼？」

這位猶太人反問：「難道只有幾年就不能享受了嗎？」

人活著，就是要懂得享受生活，這樣才是有意義的人生。

猶太人認同節儉，但不贊成過分節儉，《塔木德》裡說：「當富人不敢花錢的時候，他就等於是個貧窮的人。」

如果自己有了錢，卻守著它們不用，把它們緊緊地摳在自己的口袋裡，是最愚蠢的。猶太人認為，即使是追求神聖的精神生活，也不應該讓自己貧困。信仰上帝和追求享受是可以相提並論的，他們認為自己追求精神的崇高，也應該追求世俗生活的幸福，一味追求物質的富有，當然不是一種好現象，然而一味追求精神生活，而忽略物質上的舒適也是不可取的。因此，猶太人對生活品味要求很高，他們喜歡豪華居所和精美食物及名車，這樣才算懂得享受人生。

猶太人的節儉精神與他們享受生活並不矛盾。在猶太人看來，為了賺取更多的利潤，就必須節省不必要的支出。但猶太人也深知，賺取財富是為了更好的生活。他們在日常生活中，也買自己喜歡的東西，並願意為這樣高價的物品付出代價。

在紐約這樣的大城市，經常可以在晚上看到裝飾豪華的中國餐館和義大利餐廳，坐著頗有紳士風度的猶太人，他們和家人、朋友一邊吃著精美的食物、一邊親密地交談，那愜意的神態讓人羨慕不已。為了享受人生，他們是願意花錢的。

借別人的錢來賺大錢

沒有能力買鞋子時，可以借別人的，這樣比赤腳走得快。

——《塔木德》

「如果你能找到一位百萬富翁，我就能幫你說服他，讓他願意成為你的大金主。」威廉・立格遜在他的《如何用業餘時間，把一千美元變成三百萬美元》一書中這麼說。

你可以借資金或借技術，也可以借人才。這些你需要用的東西都可以借。這個世界早就準備好了一切你所需要的資源，你所要做的僅僅是把它們整合起來，並用智慧讓它們有系統地運作。

這就是猶太人的思惟方式，他的意思其實是說，生意人應該盡力地貸款，借助銀行的資金讓自己有資本創業，如果你不能借用別人的資金，做生意是非常困難的。

看看猶太富翁們白手起家的故事，我們就能發現，他們都是在短短的二、三十年內，就成為聞名天下的億萬富豪。為何他們的發財速度，總是快得讓人咋舌呢？

著名的希爾頓從被迫離開家到成為身價五・七億美元的富翁，只用了十七年的時間，他發財的祕訣就是借用資源經營，他借到資源後，不斷地讓資源變成了新的資源，最後成為全部資源的主人，也就是一名億萬富翁。

希爾頓年輕時很想發財，可是一直沒有機會。一天，他在街上閒逛，突然發現繁華的優林斯商業區，居然只有一家比較像樣的飯店。他想：「如果我能在這裡蓋一座五星級的飯店，生意必然興隆。」

於是，他認真研究了很久，覺得位於達拉斯商業區大街拐角地段的一塊土地，最適合做飯店用地。他調查清楚這塊土地的所有者，是一個叫老德米克的地產商後，就去找他。

老德米克給他開了個價，如果想買這塊地皮，就要希爾頓付出三十萬美元。希爾頓沒有答應，卻請來了建築設計師和房地產評估師為「他」的旅館工程估價。其實，這不過是希爾頓假想的一個飯店，他問如按照他的計畫要蓋那座飯店需要多少錢？建築師告訴他起碼需要一百萬美元。

當時，希爾頓只有五千美元，他只好先用這些錢買下一間小飯店，小飯店不停地賺錢升值，不久他就有了五萬美元，然後找到了一個朋友，請他一起出資，兩人湊了十萬美元，重新整修這間飯店。當然這點錢還不夠購買地皮，許多人覺得希爾頓這個想法是痴人說夢話。

希爾頓再次找到老德米克簽訂了買賣土地的協定，談好土地的賣價為三十萬美元。然而就在老德米克等著他如期付款時，他卻對老德米克說：「我想買你的土地，是想蓋一座大型飯店，而我的錢只夠蓋一般的旅館，所以我現在不想買你的地，只想租你的地來蓋飯店，你的意思如何？」

老德米克有點發火，不願意和希爾頓合作了。希爾頓非常認真地說：「如果我可以只租借你的土地的話，我的租期是一百年，分期付款，每年的租金三萬美元，你可以保留土地所有權，如果我不能按期付款，那麼就請你收回你的土地和在這塊土地上蓋的飯店。」

老德米克一聽，轉怒為喜，心想：「世界上有這樣的好事，雖然三十萬美元的賣地費沒有了，卻換來三百萬美元的未來收益和土地的所有權，還可能包括土地上的飯店。」

於是，這筆交易就談成了，希爾頓第一年只需支付老德米克三萬美元，而不用一次支付昂貴的三十萬美元。也就是說，希爾頓只用了三萬美元就拿到了應該用三十萬美元才能拿到的土地使用權。

這樣希爾頓省下了二十七萬美元，但是這與建造旅店需要的一百萬美元相比，還是差距很大的。

於是，希爾頓又找到老德米克：「我想用土地抵押去貸款，希望你同意。」老德米克很生氣，但又想到可以領那麼多錢，只好答應。就這樣，希爾頓擁有了土地使用權，而且又從銀行順利地獲得了三十萬美元，加上他已經支付給老德米克三萬美元後剩下的七萬美元，他就有了三十七萬美元。

可是這筆資金離一百萬美元還是相差很遠，於是他又找到一個土地開發商，請求他一起開發這座飯店，這個開發商給了他二十萬美元，這樣他的資金就達到了五十七萬美元。

一九二四年五月，希爾頓飯店在資金缺口已不大的情況下開工了。但是當飯店蓋了一半時，他的五十七萬美元已全部用光了，希爾頓又陷入了困境。這時，他還是來找老德米克，老實說明了資金的困難，希望老德米克能出資，把蓋了一半的建築物繼續完成。

他說：「如果飯店一完工，你就可以擁有這間飯店，不過您必須租給我經營，您放心，我每年付給您的租金，絕不少於十萬美元。」

這個時候，老德米克已經被套牢了，如果他不答應，不但希爾頓的錢收不回來，自己的錢也一分回不來了，他只好同意。而且最重要的是自己並不吃虧，反正蓋希爾頓飯店，不但飯店是自己的，連土地也是自己的，每年還可以拿到十萬美元的租金收入，於是他同意出資繼續完成剩下的工程。

一九二五年八月四日，以希爾頓名字命名的「希爾頓飯店」落成開業，他的人生步入輝煌時期。

希爾頓就是用借錢的辦法，用五千美元在兩年內完成了這個讓人覺得不可思議的偉大計畫。他可以說是世界上最懂得借力使力來白手起家的高手。

其實這借力使力的策略，說穿了十分簡單，只要去找一個有實力的金主，想盡一切辦法把他與自己的利益綁在一起，讓他和你成為一個不可分的命運共同體，他就會幫助你實現共同的目標。

做生意總得要有本錢，但本錢總是有限的，連世界首富也只不過擁有幾百億美元左右。但一個企業，哪怕是一般企業，一年可做幾十億美元的生意，如果是大企業，一年是要做幾百億美元的生意，而企業本身的資本，只不過幾億或幾十億美元。他們靠的就是資金的不斷滾動周轉，把營業額做大。

一個企業會不會做生意，很重要的一點，就是看它能否以較少的資金做較多的生意。猶太人不論在商界、政界還是在科技界的成功者，都是善於用別人之勢，借別人之智的高手。

美國前國務卿基辛格，處理白宮事務時，就是一位典型的運用別人的能手。他有一個習慣，凡是下級呈報上來的工作方案或議案，他先不看，壓上幾天後，再把提出方案或議案的人叫來，問他：「這是你最成熟的方案（議案）嗎？」對方思考一下，一般都不敢肯定是最成熟的，只好答說：「也許還有不足之處。」基辛格就叫他拿回去修改得完善些。

過了一段時間後，提案者再次送來修改過的方案（議案），此時基辛格把它看完了，然後問對方：「這是你最好的方案嗎？還有沒有比這更好的辦法？」這又使提案者陷入更深層次的思考，把方案拿回去再研究。

他就是運用這種策略，讓別人反覆深入思考研究，逼出最佳的智慧，達到自己所需要的目的，這就是基辛格的一個高招，也反映出猶太人成功的訣竅。

猶太人密歇爾・福里布林經營的大陸穀物總公司，能夠從一間小食品店發展成為世界最大的穀物交易跨國企業，主要就在於他善於借助先進的通訊科技，和大批懂技術懂經營的高級人才，他不惜成本，採用世界最先進的通訊設備，寧可付高的報酬，聘請有真才實學的經營管理人才到公司工作。

因為這樣，使他的公司資訊靈通，精通操作技巧，競爭能力總是勝人一籌。他雖然付出了很大代價才取得這些優勢，但他借助這些力量和智慧賺回的錢，遠比他支出的還多，可謂吃小虧佔大便宜。

洛克菲勒經過奮鬥，他的公司蒸蒸日上，由於是白手起家，財力有限，在和一些對手競爭時處於劣勢，如此一來，他夢想壟斷煉油市場的計畫，只能暫時擱置一邊。

經過調查和慎重的分析，洛克菲勒認為，原料產地的石油公司，在需要用鐵路的時候就用，不需要的時候就置之不理，十分反覆無常，使得鐵路經常無生意可做，鐵路的運費收入，也就經常不是很穩定。

如果他與鐵路公司訂下一個保證日運油量的合約，對鐵路公司必是如荒漠遇甘泉般地可貴，那時鐵路公司在給我們運輸時必定會大打折扣。這打折扣的祕密只有我們和鐵路公司知道，這樣的話，別的公司在這場運價競爭中必敗無疑，那麼壟斷石油產業的計畫就指日可待。

之後，洛克菲勒在兩大鐵路巨頭顧爾德和凡德畢爾特之間經過權衡，選擇了貪得無厭的鐵路霸主凡德畢爾特作為談判對象，最後雙方終於達成協定：洛克菲勒每天保證運輸六十車的石油，但鐵路公司必須打二〇％的折扣。

就這樣，他不僅打破了鐵路公司的壟斷權，而且大大減少了石油的成本。低廉的價格，為洛克菲勒贏得了廣闊的市場，大大增加競爭實力，使洛克菲勒又向控制世界石油市場的宏偉目標，邁進一大步。

洛克菲勒在和同業的競爭中身為弱者，他如果和對手面對面競爭，不一定能夠獲勝，但他最終巧妙地借助第三者鐵路霸主的力量，以低廉的運輸價格擠掉了同業，實現了他在市場上用小魚吃大魚的願望。

人類自從走上文明之路，便一直在尋求借勢借力的辦法，槓桿原理便是人類借力的一種發明，其後又發現了滑車的原理。隨著時代的進步，人們知道把大小不同的滑車加以組合，就可以用更小的力量舉起更重的物體。

今天，只要一個人坐在起重機的坐墊上，就可以挪動幾十萬斤的鋼架、貨櫃。人類雖然弱小，卻能依靠頭腦的智慧，使人的力量發揮到最大的限度。

在人類一切活動中，任何一項成功的事業，都是運用了滑車的原理，借助別人的力量，使自己的能力發揮到最大的效果。

所有大企業都有一個共同特點，即有一種識人的眼光，能夠抓住別人的優點，把每一個員工的位置都分配得十分恰當，使每個員工的力量和智慧都能淋漓盡致地發揮出來。

鋼鐵大王卡耐基曾預先寫下這樣的墓誌銘：「睡在這裡的人，懂得運用比他更聰明的人。」的確，卡耐基能夠從一個鐵道工人變成鋼鐵大王，是他能夠發掘許多優秀人才為他工作，使他的工作效率提高成千上萬倍的結果。

總而言之，猶太人懂得任何事業都不能一步登天，但登天的辦法卻是多種多樣的，運用得當，就可快捷省力。巧於借力，精於借勢，是成功的一大訣竅。

不管，是一個國家經濟的發展，還是個人的發財過程，都須經過一個叫做「基礎資本累積」的階段，對於那些富有的豪門或望族，後輩自然可以接過父輩打下的江山繼續前進，但是對於窮人而言，要想發達致富，光起步時的本錢就是個難題。

按照一般的思路，創業基金可以去借，但對於一個毫無家產的窮光蛋，誰又敢借錢給他呢？現代的銀行有嚴密的信用評比制度，對於一個窮人而言，他的信用肯定達不到銀行的要求，因此，想從銀行借錢簡直是比登天還難。

猶太人身處異地他鄉，遭人歧視，受人排擠，他們無土地無權無勢，想出人頭地，在常人看來簡直是妄想。然而，事實上，猶太人卻以其超出常人的智慧和機智，加上勤勉、忍耐的性格，度過了「基礎資本累積」階段，並且最終成了富翁。

猶太大亨洛維格，就是利用一種超乎尋常的方式，巧妙地利用別人的錢來致富，最終成功變為億萬富翁。

我們知道有個世界船王叫歐納西斯，但他同洛維格相比，只能算是小巫見大巫。洛維格擁有當時世界上噸位最大的六艘油輪；另外，他還兼營旅遊、房地產和自然資源開發等行業。

洛維格第一次做的生意，只是一艘破船的生意。他把一艘別人擱置很久，最後沉入海底長約二十六英尺的柴油機動船打撈出來，然後用了四個月的時間將它維修好，並將船承包給別人，自己從中獲利五百美元。

青年時期的洛維格，在找工作時到處碰壁，搞得債務纏身，經常面臨破產的危機，但他始終沒有跳出平常的思惟，只能維持現狀。就在洛維格快三十歲時，忽然間，一個靈感激發了他創業和致富的智慧。

他先後找了幾家紐約的銀行，希望他們能貸款給他買一艘標準規格的舊貨輪，他準備動手把它改造成性能較強的油輪，但是卻遭到拒絕，理由是他沒有可以用來作為擔保的東西，於是洛維格有了一個超越常理的想法。

他有一艘只能用來航行的老油輪，他將這艘油輪以低廉的價格包租給一家石油公司，然後他去找銀行經理，告訴他們，他有一艘被石油公司包租的油輪，租金可每月由石油公司直接撥入銀行來抵付貸款的本息。

經過幾番交涉，紐約大通銀行終於答應了他的要求。

這就是洛維格超乎常人的思惟。儘管他並無擔保物，但是石油公司卻有著很好的效益，其潛力很大，除非天災人禍，石油公司的租金一定會按時入帳。而且洛維格的計算非常周密，石油公司的租金剛好可以抵償他銀行貸款的本息。他這種巧妙的空手道做法看似荒誕，但實際上正是他成功的開端。

他拿到了貸款就去買下他想買的貨輪，然後自己動手將貨輪加以改裝，使之成為一艘航運能力較強的油輪。他利用新油輪，採取同樣的方式，把油輪包租出去，然後以包租金抵押，再貸到一筆款項，然後又去買船，再去貸款。

就這樣，像神話一樣，他的船愈來愈多，而他每還清一筆貸款，一艘油輪便歸在他的名下。隨著貸款的還清，那些包租船也就全部歸他所有。

洛維格的成功，最關鍵的地方，就在於他找到了一種巧借別人的勢來壯大自己的妙策。一方面，他將船租給石油公司，這樣他就有了與這家石油公司業務往來的背景。銀行得知有這樣一家石油公司來替他背書，況且每月租金可以直接抵付利息，銀行當然樂意將錢貸給他了。

另一方面，他用從銀行借來的錢再去買更好的貨輪，然後再租給石油公司，然後又貸款。從這一點上講，他又巧妙地利用借來的錢壯大了自己的勢，如此下去，借的錢愈多，租出去的船也就愈多，而租出去的船愈多，其勢就愈壯大，而勢愈壯大，就可以獲得更多的錢。就這樣，錢就像滾雪球一樣地湧入他的口袋，他當然就發大財了。

因此，不要因為自己出身卑微貧困，就怨天尤人，自己判自己死刑；同樣是人，猶太人可以無中生有、白手起家，我們一定也可以。沒有本錢沒關係。只要懂得借力使力，一樣可以實現成為億萬富翁的目標。

借錢給別人，等於是花錢買敵人

借錢給朋友，將以失去友情當作利息。

——《塔木德》

莎士比亞有句名言：「不要把錢借給別人，否則你會人財兩空；也不要向別人借錢，借來的錢會使你忘了勤儉。」

猶太人的名言則是：「借錢給別人，等於是花錢買敵人。」

猶太人認為，你可以用其他方式接濟你的朋友，但不要借錢給他。借錢給他人，就等於是掏錢為自己買了一個敵人，花錢傷神又傷心，可以說是世界上最虧本的生意。

猶太人朋友之間很少涉及金錢，他們之間朋友是朋友，錢是錢，分得十分清楚，一般都不把友情摻入金錢關係，也不會借錢給別人。

猶太人之間的朋友，大家彼此的狀況都很不錯，才會在一起吃飯喝酒，這樣的朋友關係就表示你是他喜歡的朋友，他願意和你經常來往，但是你要是借錢，他們很少答應。

這不是因為猶太人不喜歡自己的朋友，也不是因為不信任，而是他們處理人際關係的一種哲學。

猶太人是十分驕傲的，他們一般是絕不肯向人求助的，即使遇到困難，他們也是盡量靠自己的力量來解決，而很少向別人請求幫助，否則，就算借到了錢，也會有羞愧感。

借錢的人，為了減輕羞愧感，一般都會迴避自己的債主朋友，希望自己盡快還錢，才能在朋友面前沒有壓力，有了這種心理，就會變得很不自在，讓彼此感覺不舒服。

此外，借錢給你的朋友，如果剛好也需要這筆資金，但是已經將錢借給你，而且為了讓你放心，他一般不會催你，也不好意思要你還錢，他只好再去向別人借錢，這樣一來，心裡多少都會不舒服。

所以，猶太人之間早就心照不宣地達成默契，不借錢給自己的朋友，尤其是要好的知己。

猶太人開的餐館貼著這樣的一首歌謠：「我歡迎你，我想和你做朋友，但如你要借錢，我不能借，怕你借了，以後不再上門。」說的就是這樣的意思。

猶太人喜歡放高利貸收取利息，這是他們幾百年的傳統了，所以，猶太人沒有錢的時候，喜歡以借貸來度過難關。向他人付利息借貸資金是一種商業行為，這和向朋友借錢的私人行為是不一樣的。

有個故事是這樣說的：

雅可夫借給亞瑟五百美元，明天就要到期了，但是亞瑟根本沒有錢可以還。雅可夫三天前就已經提醒亞瑟，還有三天就要還這一筆欠他的錢了。

「明天雅可夫一定會來要錢的。」

想到這裡，亞瑟坐臥不寧，煩躁地在房子裡走來走去。「你為什麼還不睡覺？」他的妻子問他，他說：「我向雅可夫借了錢，明天早上非還他不可。」

「你現在有錢了嗎？」

「我連一個子兒也沒有，怎麼還？」

「既然這樣，那你就安心睡覺吧！著急的應該是雅可夫，而不是你。」

亞瑟妻子的話，代表了我們處理債務的一般態度，既然沒有錢就乾脆放心休息，反正著急也沒用。

事實上，雅可夫也確實沒有辦法，自己的朋友沒有錢，如果逼朋友還錢，那與朋友長久培養起來的感情，就會因此崩塌了。如果真要打官司，更是浪費自己的錢和心力，對朋友的感情也更是致命的打擊。

還有一個故事是這樣說的：

梅西克向羅揚借了一千兩百馬克，但是梅西克一直沒有錢還，每當遇到羅揚，梅西克都會溜掉，避而不見。可羅揚又束手無策，只能唉聲嘆氣。

這時，他的另一個朋友對他說：「不妨寫信給梅西克，叫他還錢。」羅揚十分需要這筆錢，不得已只好採納了這個辦法，就給梅西克去了一封信。

兩天後，梅西克就回信了，信中說：「羅揚，我記得很清楚，我只向你借了一千兩百馬克，你怎麼說我欠你一千八百馬克，隨信附上一千兩百馬克，如果你要打官司的話，你一定會輸。」

如果朋友之間真的到了這個地步，兩人日後關係的緊張和敵意，就可想而知了。

因此，猶太人說：借錢出去，就等於掏錢替自己買了個敵人。這句話是真理，不要鐵齒不相信。

【第二章】

用創意和思考致富

【第二章】
用創意和思考致富

有一次，兩個法國人和兩個猶太人搭火車旅行。

法國人很單純，每人買了一張票；而猶太人精打細算，兩個人只買了一張票。法國人見到這種情形，就問猶太人：「你們只有一張票，那等列車長來查票，你們怎麼辦？」

猶太人神祕地笑而不答，上了火車不久後，便傳來列車長查票的聲音，只見兩個猶太人擠進一間廁所。

列車長查票，來到他們的車廂，敲了敲廁所的門，說：「查票！」門開了一條縫，一隻手拿著一張票伸出來。列車長怎麼也想不到，這樣窄窄的一間廁所內，竟會躲著兩個人。列車長看過了票，說道：「嗯！好了，謝謝！」

列車長又把票從門縫中塞了回去。

到了目的地，他們四人玩得很盡興。踏上歸途買票時，兩個法國人心想：「早上來時，猶太人的方法真不錯……」

於是他們討論後，決定也買一張票，輪到猶太人時，只見他們搖搖手，說這次就不買票了。

上了火車，兩個法國人想：不知道猶太人又有什麼怪招？說時遲，那時快，列車長又來查票了。法國人顧不得看猶太人如何躲過列車長的查票，兩個人趕緊鑽進了廁所。過了一會兒，又是「叩、叩」兩聲，猶太人在廁所門外敲了門，門應聲而開，法國人拿著一張票，從門縫中伸出來。

猶太人說：「嗯！謝謝……」話沒說完，兩個猶太人拿了票，衝到前一節車廂的廁所裡面……

逆向思考：厚利才能賺大錢

薄利多銷就是往自己的脖子上套枷鎖，厚利才能永盛不衰。

——《塔木德》

薄利多銷是商場上牢不可破的銷售策略。但是猶太人卻相反，他們的口號是「厚利才能賺錢」。

在猶太人的公司裡，老闆經常給自己的員工厚厚的一堆資料，對他說：「請用這些資料去說服消費者吧！我們的商品是最好的，因此絕不能降價。」假如你看看他們的價格，會大吃一驚：「這麼貴，誰買？」但猶太老闆會很有信心地對你說高價出售是何等合理，並且舉出無數例子讓你相信。

於是，各種各樣印刷精美的統計資料和小手冊、卡片就飛到各地經營者的辦公室裡，他們的辦公室幾乎每天都可以收到猶太人寄來的各種資料或型錄。

猶太人認為：壓低價格，說明你對自己的商品沒有信心。為什麼當其他的商家「要把降價進行到底」時，猶太人卻反其道而行呢？他們說，同行之間展開削價戰爭，那商品利潤在哪呢？搞到最後大家都是輸家。薄利雖然多銷了一些，但市場的容量就是那麼一點，大量廉價商品進入市場，最後市場也飽和了，多出來的商品怎麼辦？這些長久的經營呢？無法容納更多商品，那以後生產微薄的利潤，怎麼能維持營運？薄利競爭的結果就是，廠商全倒閉，且日後大家的生存空間也愈來愈小。

對於削價策略，猶太人認為這是最下等的策略。因為薄利以後的結果就是：賣三件商品所得的利潤，只等於半件商品的利潤，這樣不是事倍功半嗎？行銷的最上策，應該是賣出一件商品，就可以得到一件商品的利潤，甚至是兩三件的利潤，這樣可以節省營業費用，還可以保持市場的穩定性。

削價競爭，其實就是把繩索往自己的脖子上套，大家在比賽自殺，比賽誰死得快。

猶太人大聲疾呼：「這是愚蠢的行為。」猶太人堅決不做薄利多銷的買賣，他們做的是厚利的生意。

在行業的選擇上，他們也選擇那些昂貴消費品來經營。世界上經營珠寶、鑽石等行業中，以猶太人居多。看看猶太人發展的領域：金融證券、信貸投資、媒體報紙……無一不是厚利乃至暴利的行業。

猶太人有三家最出色的銀行，萊曼公司是其中之一，許多人相信它是利潤最高的銀行，他們的利潤高達四〇％甚至一倍。萊曼家族的先人所信奉的基本原則是：「一便士買進的商品，要從中賺上一分利。」這也是猶太商人的箴言。

猶太商人的高價厚利策略，表面上是從富有者著眼，事實上是一種巧妙的生意經。現代人講究身分、愛慕虛榮的心理比比皆是，在上流社會流行的東西，很快就會在中下層社會流行起來。根據猶太商人的統計分析，上流社會的商品，一般在兩年左右，就會在中下層社會流行起來，而且屢試不爽。

道理很簡單，介於上流社會與下層社會之間的中產階級，他們總想進入富人的階層，由於虛榮心的驅使，為了滿足心理需求或為了面子，他們也會購買象徵富人階級的時髦商品。

而下層社會人士，往往力不從心，昂貴商品消費不起，但崇尚富有的心理，總會驅使愛慕虛榮的人不惜代價購買。這樣的連鎖反應，會使昂貴的商品也成為社會流行品，如金銀珠寶首飾，現在不是已成為各階層婦女的寵物嗎？彩電、音響等原來被認為是昂貴的商品，現在也進入了平民百姓家庭。可見，猶太商人的「厚利長銷」策略是「醉翁之意不在酒」，是看著更遠更大的市場。

用利益讓對方為自己著想

暫時放棄一些利益，是為了得到更多的利益。

——《塔木德》

猶太人信奉一種「知彼知己」的人際哲學，其主要的目的，在於讓對方為他自己的利益著想，而無條件付出努力，這種精明的處世方式，最能掌控對方。

古時候，耶路撒冷的一個猶太人外出旅行，途中病倒在旅館裡，當他知道自己的病已經沒有治癒的希望時，便將後事託給了旅館主人，並請求他說：「我快要死了，如果有知道我死而從耶路撒冷趕來的人，就請把我的這些東西轉交給他，但是，不要告訴他我在哪家旅館。」

說完，這個人就死了，旅館主人按照猶太人的禮儀埋葬了他，同時向鎮上的人發表這個旅人的死訊和遺言，讓大家遵守這個猶太人的遺言，即不要將他住的旅館告訴來找他的人。

他的兒子在耶路撒冷聽到父親的死訊後，立刻趕到父親死亡的那個城鎮。他不知道父親死在哪一家旅館裡，也沒有人願意告訴他，所以，他只好自己尋找。

這時，剛好有個賣柴人挑著一擔木柴經過，兒子便叫住賣柴人，買下木柴後，吩咐賣柴人直接送到有個耶路撒冷來的旅人，客死的那間旅館去。

然後，他便尾隨著賣柴人，來到了那家旅館。

旅館主人對賣柴人說：「我沒有買你的木柴啊。」

賣柴人回答說：「不，我身後的那個人買下了這擔木柴，他要我送到這裡來。」

就這樣，這個兒子用一筆木柴交易，讓賣柴人為了自己的利益，幫助他解決了難題。

從根本上來說，人與人的關係是一種利益關係，尤其在上述年輕人和賣柴人及旅館主人這樣非親非故的關係中。

其他的考慮包括道德也是需要的，但真能擊中要害、駕馭對方的，只有利益。

只有他人的利益和你的利益緊緊地綁在一起的時候，他才會把這事當成是他自己的事，為你著想，因為，這一著想以及為此付出的努力，也同時會影響他自身的利益。

所以，要讓別人幫你賺錢或掌控別人的最好辦法就是：讓他人為自己的利益著想，而為我們付出一切。

《塔木德》裡有這樣一個故事：

有個人黑夜外出，在伸手不見五指的夜路上，看到對面來了一個提燈籠的人，走近一看，卻是一個瞎子，他就問瞎子：「你提著燈也看不見東西，為什麼還要多此一舉呢？」盲人說：「我提燈，是要你們看見我。」

猶太人實在是太聰明了，一個人獨自走在一條路上的機會實在是太少了。因為對於瞎子來說，在漆黑的夜晚行走，和白天走路是一樣的，但一般人在晚上走路就不一樣了，這時，瞎子摔倒的可能性，遠小於被別人撞倒的可能性。

平時靠眼睛走路的人，一旦走在漆黑的路上，很容易看不清路而將別人撞倒。因此，瞎子亮起了燈籠，以便讓每個路人都能看清自己，並避免讓對方撞倒自己。

很多時候，讓「利益」出面，比費盡口舌更有力量。在猶太商業文化中，猶太人也同樣將這種「瞎子點燈」及讓對方為自己著想的哲學，運用到了爐火純青的地步，因為，給人好處，就等於是給自己好處。

女人和嘴巴

永遠都能賺大錢的兩個關鍵：女人和嘴巴。

——《塔木德》

猶太人認為：「女人才是金錢的實際擁有者。」曾經有一個說法：

某個男人和一個女人吃飯，如果買單兩人都掏錢，說明他們是朋友關係；男方掏錢，說明他們是戀人關係；如果是女人掏錢，說明他們是夫妻關係。

可是無論他們是什麼關係，金錢總是女人在花費，卻是人類永遠不變的市場法則。

男人是這個世界的中心，但女人卻是男人的中心。

男人總是圍繞著女人轉，男人想盡辦法討得女人的歡心。男人一旦結了婚，女人就成了男人永久的資金保險庫，女人也同時是家裡的「財政部長」。

不少男人感慨：這輩子就是在不停地賺錢，女人就是大把大把地花男人賺來的錢。

男人們很委屈，我們總是什麼東西能用就行，什麼東西能湊合就湊合了，可是女人，為了把自己弄得漂亮一點，簡直是不計成本，她們信手一揮，就可以花掉男人們辛苦掙來的錢。

商人們也這樣認同：男人是賺錢的人，再賺他們的錢是很難的；而女人是花錢的人，賺她們的錢就容易多了。

男人喜歡自己的女人打扮得美麗動人，女人說，自己的美麗勝過別人，也是男人臉上的光彩。男人有賺錢的權利，女人有花錢的權利。因此，做生意一定要掌握這一點，只有打動女人的心，才能使生意成功。

在倫敦，有個叫埃默德的人開了一家百貨商店，地理位置相當好，每天來往的人也很多，可是生意卻一直不好。開業兩三年了，店裡總是冷冷清清的。看著來來往往的行人，埃默德十分鬱悶。

後來，經過長時間的觀察，埃默德發現了這樣的一個規律：平時光顧公司的人以女性居多，差不多佔到八〇%，偶爾有男人來商店，也大多是陪妻子購物，很少單獨買東西。

這時，他才發現自己的經營方向有問題。想起以前看到的猶太人，喜歡做女人的生意這一法則，不禁自責起來：女人才是真正的消費主體，自己卻把目光瞄在不賺錢的生意上，這樣不就等於拿錢去丟在水溝裡嗎？

埃默德於是果斷地將自己百貨公司銷售的對象，全鎖定在女性顧客身上。

這次，他把所有的營業面積用上，全部擺上女性的用品。不過，精明的埃默德這次想出了高招：把正常的營業時間一分為二，白天擺設家庭主婦感興趣的衣料、內褲、實用衣著、手工藝品、廚房用品等實用類商品。

晚上則改為一家時髦用品商店，將流行前衛的商品陳列出來，以便迎合那些年輕的上班女性。

尤其是針對年輕時髦的女孩子們，埃默德可以說是費盡心機，光是女孩子們喜歡的襪子就陳列了上千種，內衣、迷你裙、香水等都選年輕人喜歡的樣式進貨。

凡是年輕女性喜歡的、需要的，能夠引起她們購買欲望的商品，他都盡量滿足，並把它們擺在櫃檯顯眼的位置上。最絕的是，他從美國進口了最流行的樣式，打出了有創意的宣傳：「本店有世界最流行的新款內衣，包您穿了青春美麗。」

沒過多久，埃默德商店有最流行的內衣的消息不脛而走，許多女性真的蜂湧趕來，爭相購買。人們不解，紛紛求教其中奧妙，埃默德大笑說：「其實，我只是讓這些內衣更加性感而已！」

猶太人更厲害了，他們在那些富麗堂皇的高級商店裡，專門經營那些昂貴的鑽石、豪華的禮服、價格不菲的項鏈、戒指、香水、手提包……這些無一不是等待著女性顧客的。

猶太商人就是瞄準了這個市場，賺了比別人更多的錢。

世界最有名的高級百貨公司梅西公司，就是猶太人施特勞斯親手創辦起來的。他就是靠著經營女人的商品，僅僅經過三十年，就把一間普通的街頭小店，變成世界一流的百貨公司。

女人的錢好賺，關鍵就是抓住女人的心理。

有人說，女性是最喜歡觸摸的動物。女人的觸摸欲，在購物時表現得尤其淋漓盡致。以購買衣料為例，女人若是沒有摸一摸、揉一揉，是絕不可能下定決心購買的。

如果說買衣料之類，和身體觸覺有關的東西，當然要先用手摸一摸，但衣服之外的每一樣東西，女人也要用手先鑑定一番，這就頗耐人尋味了。反正女人就是喜歡觸摸，未經她摸過的東西，她是絕對不會放心購買的。

即使是買孩子們吃的糖果、餅乾，她們也不是用嘴品嘗的，而是用手去捏捏，以此來鑑定品質的好壞。反之，若是用不透明的紙袋包裝，不論外觀設計得多精美，銷路往往也很有限，主婦們總是不敢去做新的嘗試。

明白了這個關鍵之後，那些銷售量不佳的商品，可以借此檢討自己的產品是否包裝得過於密實了？如果是的話，建議你將產品的一部分露出來。

猶太人致富哲學中，另外一個賺錢的關鍵，就是嘴巴。

人活在世界上，必須解決的問題不就是吃喝嗎？有人乾脆就說：「人生一世，吃喝兩字。」善於觀察的猶太人發現：凡是入嘴的東西，無論是什麼，必被胃酸消化而最後排出體外。小到一個一美元的雪糕，中到一盤五美元的炸雞腿，大到百元、千元的餐飲，無不是經過幾個小時之後，變成了廢物排泄而出。

想想賣出去的東西，通常當天就會被消費掉，這種東西除了食物以外，還能有別的東西嗎？人們的生存總是需要連續不斷吸收能量、消耗能量才可以支撐，能提供人體所需能量的只有食物，人要繼續活下去，食物就要不斷地被消費。

因此，食品業的優點就是，它的獲利是穩定的，也是長久的，因為口腹之慾是人要生存的最起碼條件。人的胃口是一個永遠也填不滿的黑洞，更沒有一樣消費品能像食物這樣，需要天天消費，讓人一天也不能不來。

所以，猶太人認為嘴巴需要的東西絕對賺錢。正是看準了這點，很多猶太人在長期的漂泊中站穩了腳跟。於是那些為了滿足口腹之慾的飲食生意，一直長久不衰。大者如賓館、飯店；中者如餐館、酒樓、菜館、酒吧、KTV；小的如水果店、蔬菜攤、肉鋪；還有再加工的食品，火腿腸、漢堡包、牛肉餡餅、三明治、肯德基；飲料則有可樂、啤酒、兒童飲料、雪餅、奶粉。

尤其是現代人，吃飯不僅要吃飽，還要吃好，講究營養，現代人都知道營養和健康之間的關係，營養學家甚至說：「你吃什麼樣的食物，就決定了你是什麼樣的人。」

為了自己的健康，現代人更講究天然的綠色食物，這一新理念不知道又成就了多少企業。食物永遠是商人巨大財富的重要來源。

曾有一個猶太人靠馬鈴薯發了財，並且躋身當今世界上一百位最有錢的富翁之列，他就是大名鼎鼎的「薯條大王」辛普洛特。

第二次世界大戰爆發後，辛普洛特得知作戰部隊需要大量的脫水蔬菜，他知道這是一個絕好的賺錢機會，於是買下了當時全美最大的一家蔬菜脫水工廠。

他買到工廠後，專門加工脫水馬鈴薯供應軍隊，從此，辛普洛特走上了靠馬鈴薯發財的道路。

二十世紀五〇年代初，一家公司的化學專家，第一個研製出了冷凍炸薯條。那時許多人都不看好這種產品。

有人說：「馬鈴薯本身水分佔了三四％之多，假如把它冷凍起來，就會變成軟糊糊的東西，非常噁心！」

然而，辛普洛特卻認為這是一種很有潛力的新產品，即使冒點風險也值得，於是大量生產，果然不出所料，「冷凍炸薯條」在市場上很暢銷，並成為他獲利的主要來源。

後來，辛普洛特發現，「冷凍炸薯條」並沒有把馬鈴薯的潛力澈底展現出來。因為，經過炸薯條的精選程序：分類、去皮、切條和光感測器去掉斑點，每個馬鈴薯大概只有一半可以用，剩下的通常都被扔進了河裡。

辛普洛特想，為什麼不能把馬鈴薯的剩餘部分再利用呢？不久，他把這些馬鈴薯的剩餘部分，摻入穀物用來做牲口飼料，單是用薯皮就飼養了十五萬頭牛。

一九七三年石油危機爆發了，用替代能源取代石油是必然的趨勢。辛普洛特瞄準這個難得的機會，用馬鈴薯來製造以酒精為主要成分的燃料添加劑，這種添加劑可以提高汽油的燃燒值，同時降低汽油燃燒所造成的汙染，頗受消費者歡迎。

他為了做到物盡其用，辛普洛特又用馬鈴薯加工過程中，產生的含糖量高的廢水，來灌溉農田，甚至還把牛糞收集起來，作為沼氣發電廠的燃料。

辛普洛特利用馬鈴薯構築了一個龐大的帝國。他每年銷售十五億磅經過加工的馬鈴薯，其中有一半供應麥當勞速食店做炸薯條。他從馬鈴薯的綜合利用中，每年取得十二億美元的高額利潤。辛普洛特究竟擁有多少財富，實在沒有人可以算得出來。

總之，懂得瞄準嘴巴，就是為自己淘金。

善用人者為之下

人們只能用強勢的力量去強迫自己，卻不能強迫別人；聰明的人要求別人做事時，必須像女人一樣地溫柔。

——《塔木德》

世間只有兩種武器，一個是武力，另一個是溫柔。天神在天地初創的時候，把力量給了男人，而把溫柔給了女人，但是擁有了力量的男人要娶女人，就是說男人也想擁有溫柔。

如果你曾與猶太商人打交道，你會發現他們總是呈現一副笑臉，不管生意能否做成，甚至因合約而產生不同意見時，他們也總會以笑臉來說出他不同的意見。

有時你發脾氣，雙方不歡而散，猶太人還會向對方說聲再見。要是第二天他再遇上你，他卻好像雙方沒有發生過不愉快似地，仍以微笑向你問聲好。

《塔木德》對猶太倫理講得更具體了。該書講了一個故事：

有一天，有位拉比要召集六個人開會商量一件事，邀請他們第二天來。可是，到了第二天卻來了七個人，其中肯定有一個人是不請自來的，但是拉比不知道這第七個人究竟是誰？

於是，拉比對大家說：「如果有不請而來的人，請趕快回去吧！」

結果七個人中最有名望、大家都知道一定會受到邀請的那個人，卻站了起來，然後快步走了出去。

大家都很明白，這位有名望且被邀請的人為他人背了黑鍋。因為，這七個人中未受邀請的人既然已經到這裡了，卻要他承認不夠資格而退回去，是件令人難堪的事。因此，這位有資格的人挺身而出，寧願自己的形象受點影響，而保護那個不請自來的人的自尊心。

那位有名望的人用心良苦，他能設身處地為他人著想，正展現了，「不要要求別人做自己也不願做的事」的那種精神。這個有名望的拉比的舉動，表面上看來令他「背黑鍋」，但實際上這使他的聲望更高了。

《塔木德》編選這個故事，意在說明幫助別人、注重和氣是人人得益的道理。猶太人在其民族文化的影響下，再加上長期流離失所，普遍形成了一種「謙和」的耐性。

猶太商人就善於利用自己的這一耐性，在經商的一切活動中充分發揮「和氣」的作用。假如你的一個員工今天氣色不太好，你就要問候他有什麼地方不舒服。如果他請假去照料他生病的妻子，那麼當他來上班時，就要問問他妻子康復了沒有。

倘若發現他今天走路一瘸一拐的，你就問問怎麼回事，同時還要問一下他子女在學校的成績如何。

事實上，一個聰明的管理人員，有時候也會忽視這種小小的關心。

請不要認為一個優秀的領導人，就必須衣冠楚楚、外表亮麗，這些對你的員工並不重要，他們想知道的是，他們的上司是否認識到他們的重要性，他們在企業中是否佔有一定的地位。

偉大的愛因斯坦曾經說過，在當今大企業林立的社會，最大的問題就是，人們感到他們個人已被完全遺忘了，他們感到自己似乎微不足道。此時就需要一個好的領導人發揮作用了，他應該使他的員工確信，他們是企業中很重要的一分子。

當一個僱員退休或逝世時，他的上司往往對他和他的工作說些好聽的話，但是，當他活著和在職的時候，從來沒有人讚揚過他。相反地，上司們總是吹毛求疵、動輒批評。

請千萬不要怕表揚人，這是激勵人們更努力工作的最好辦法。這種辦法適用於生活的各個方面。

如果你的賢內助胖得像一頭餵養得很好的母牛，但你要說，正是她這種豐滿不凡的健美吸引了你和其他所有的人；這樣，她就會為你做任何事情。

千萬不要認為你能長期愚弄人們。你的職員可能看上去相當文靜和羞怯，但是，如果他們的切身利益受到損害時，他們也會凶狠如虎。所以要記住，在對待人的問題上，聰明不能代替善意和真誠。不要認為他們會受你的騙，事實上，這是不可能的，他們通常會一眼就看穿真相。

大多數國家的武裝部隊，都能告訴我們一套關於人事管理的經驗。為什麼士兵會冒著槍林彈雨，跟隨他們的軍官出生入死呢？這並不是因為他們的軍階特別高，也不是因為他們開小差會受到懲處，而是由於在他們的隊伍中，早已經確立了遵守紀律的原則。

在軍隊中，軍官想到他們自己的待遇時，必須先考慮士兵是否得到了妥善的安頓，伙食是否沒問題。他們還關心士兵是否向家人寫了報平安的信，還要幫助他們學習，以便晉升，一個軍官必須把時間和精力，花在士兵的福利和健康上，當作是他的職責。

這套策略同樣適用於企業之中。你必須要讓你的屬下，感到你確實關心他們的福利。如果你真的這樣做了，你就可以確信他們會以最大的忠心來報答你和你的企業。

七十年前，愛迪・達斯勒兄弟倆在母親的洗衣房裡開始了製鞋業，他們邊做邊賣，銷路很好。弟兄倆很重視品質，不斷在款式上創新，他們不厭其煩地量下顧客的腳的尺寸、形狀，然後製鞋，於是每一雙鞋都能滿足消費者的要求。

由於種種有利於顧客的經營方式，使他們的家庭製鞋坊發展很快，沒幾年時間，就擴展成一家中型製鞋廠。

一九三六年的奧運會來臨前，愛迪・達斯勒兄弟發明了短跑運動員用的釘子鞋。他又派人打探參賽運動員的情況，包括他們穿幾號鞋，當得知短跑名將歐文斯很有希望奪冠的消息後，就免費將釘子鞋送給歐文斯試穿，後來歐文斯不負眾望，果然在比賽中獲得四枚金牌。

於是歐文斯穿的釘子鞋一舉成名，愛迪鞋廠的新產品成了國內外的暢銷貨，愛迪鞋廠也就變成了愛迪達公司。

用體育明星來創牌子的辦法太有效了，此後，老愛迪屢屢使用這種手法，不久老愛迪又發明了可以更換鞋底的足球鞋，並把新產品免費送給德國足球隊。

一九五四年，世界盃足球賽在瑞士舉行，不巧，比賽前下了一場雨，賽場上滿是泥濘，匈牙利隊員在場上踉踉蹌蹌，穿著「愛迪達」的聯邦德國隊卻健步如飛，並第一次獲得了世界盃冠軍。從此，「愛迪達」品牌名揚海內外。

愛迪・達斯勒兄弟的成功，是與他們出色的服務分不開的。在賽場上，愛迪達公司總是派人在那兒為運動員服務。只要哪位運動員感到鞋子不舒適，愛迪達公司的人馬上就為他解決問題。

在一次世界盃足球賽上，有一位德國主力隊員的腳受傷，愛迪達公司連夜為他趕製了一雙特殊球鞋，讓他在最短時間內，可以重上球場。

有一次在西班牙世界盃足球賽上，有一位蘇聯足球隊員穿的鞋子不合腳，公司的人馬上描下他的腳樣，立即坐飛機回公司，連夜為這位蘇聯足球隊員趕製了一雙合腳的鞋子。

由於愛迪達公司出色的服務，使它贏得了全球的市場。

所以，對於經營者來說，創新款式、品質優秀只是一個方面，而銷售方式的出色才是最關鍵的。

為了擴大市場，愛迪達公司將商品二％至六％的利潤拿出來作為回饋，他們千方百計地讓更多的優秀運動員穿上他們公司的鞋子。運動員在大賽中穿著「愛迪達」跑步、踢球，做活廣告，比花錢做任何電視廣告都有效果。

對於體育明星，「愛迪達」公司常常慷慨贊助。由於他們的種種努力，在蒙特利爾奧運會上，一四七枚金牌中有一二四枚的金牌得主，是穿「愛迪達」的運動員。

西班牙世界盃大賽中，所有運動場上活動的人員中，有四分之三是全身披掛「愛迪達」的產品。可以說，就是這種細緻入微的作風，為「愛迪達」贏得了顧客，而出色的贊助方式，使「愛迪達」成為世界最大的體育用品公司。

做生意不能用感情

做生意不能用感情，思考時請感情離開，因為你需要的是理智。

——《塔木德》

一個猶太孩子和他的姊姊爭奪玩具，他的姊姊不給他，於是他哭了，他的父母這樣笑他：「笑像風，哭像下雨。」

這是什麼意思呢？這是說笑就像風颳過去就消失，而哭就像下雨，雨過天青就沒有了水的痕跡。那為什麼他的父母不過去安慰他，而是笑他呢？因為，在他的父母看來，小孩的哭泣是他自己一種不愉快的感情的宣洩，而感情的宣洩對小孩有什麼好處呢？

小孩子任意宣洩自己的感情，代表他不肯動腦筋想辦法，所以才會用這種無能的方式表達情緒。

猶太人不喜歡這樣的感情發洩，他們需要的是圓滿解決事情，而這只能動腦筋想辦法。

那麼笑呢？也是一樣的。沒有根據的笑，和不解決問題的哭，都是一種短暫的感情宣洩，都是沒有多大意義的。猶太人始終認為，在任何時候用理性的思考，想辦法去解決擺在面前的問題，才是真正有用的。遇到問題就感情用事，發怒、生氣，是一件很沒有意義，讓人覺得可笑的事情。

用理性看待這個世界，絕不要盲目。這是猶太人的思惟方式。他們認為，在這個世界上，充斥著無知的偏激、盲目的躁動和人們的愚昧。而理性摒棄了我們的愚昧和偏見，所以，人應該用理性恢復這個世界本來的面目。

在他們看來，生活中有許多災難和挫敗，是我們自己的盲目和衝動性格造成的。

猶太人為我們列舉了生活中，我們因衝動而造成的偏見：

「我一點兒都不像自己的母親。」

「我忙得實在沒有時間鍛鍊身體。」

「我根本不需要治療。」

「我就是不想結婚……」

再如，大家都討厭不好或衝動的行為，但是猶太人卻問：惡的衝動真的沒有任何好處嗎？有。如果沒有惡或欲望的衝動，就不會有人蓋房子、娶太太、生孩子，或者拚命賺錢了。

但沒有根據或不理性的憎恨，才是最大的罪惡。

猶太人這樣理智地告訴人們，不要輕易喜歡或憎恨一個人，除非你經過理性的考慮，覺得應該這麼做。猶太人從來不喜歡感情用事，他們認為感情用事只是犯下愚蠢錯誤的開始。而理性思考的人才是真正明智的人。

那麼，是不是人就不需要感情，不再要熱情，只是一味理性呢？猶太人把人的熱情分為兩種：一種是感情所煽起的熱情，另一種則是理智所支援的熱情。

猶太人認為，感情所煽起的熱情是很危險的，因為感情時而高昂，時而低落，但卻絕不能持久，理智則可貫徹終身。

愛因斯坦研究「相對論」時，一直都充滿著熱情，但以理智為基礎，用熱情向困難挑戰，終於得到了偉大成就。而沒有理智的感情，過一段時間就會失去價值，這樣的東西不珍貴，感情便是這種不能經受時間考驗的東西。

作為商人，應該是一個純粹的理性主義者，要用自己理性的態度對待商務上發生的一切事情，而不應該感情用事。猶太人是這個方面的典型。

眾所周知，猶太人是最注重遵守契約的人，如果有誰違反了契約，那他就會被認為是犯了一件不可饒恕的錯誤，這個錯誤是所有錯誤裡最嚴重的，但是一旦發生這樣的事情，猶太人會狠狠地譴責他們嗎？

有個印度人和猶太人談好了一筆生意，結果最後印度人不能履行合約了，這個印度人和猶太人打過交道，知道猶太人最講究的就是生意的契約，他忐忑不安地去見猶太人，支支吾吾，措辭非常小心，還找出了種種的理由，試圖說明不能履行合約的原因，同時他心裡還在想對方是不是已經發怒了。

可是猶太人簡單聽了幾句後，立即打斷他，平靜地說：「你違反了我們的合約，按照協定，應該賠償我的損失，這個損失是這樣計算的……」

印度人聽了，感到不可思議，猶太人居然沒有動怒。

其實，猶太人是聰明的，知道事情已然發生了，就算他再計較契約的嚴肅性，憤怒地譴責他，也是沒有任何意義的。

猶太人在經營自己的企業和公司時也是一樣，如果自己的公司連續三個月都沒有盈利，而且可以判斷出三個月後仍然沒有獲利的可能，便會毫不猶豫地捨棄這個公司。

很多人在面臨是否賣掉公司，會為了當年開創公司時投入的血汗而感到不值，或因為已經對公司投入深厚的感情，而難以割捨的時候，猶太人會輕鬆地一笑：「夥計，公司又不是自己的老婆，有什麼好留戀的？」

在猶太人看來，公司不過是牟利的工具而已，商人對公司是沒有感情的，就像人不會對算盤或電話有感情一樣。作為商人，他的任務是牟利，既然公司無法產生效益了，那公司存在的理由是什麼呢？

因此，在猶太人的生意經中，就有這樣的觀念，公司不僅僅是可以產生效益的場所，而且它本身也應該是一種商品，可以帶來高昂利潤的商品，可以在無數的人手中自由流通。當初廉價買進來，經營好了再高價售出，這是企業最能創造利潤的良機，為何要放棄？他們的這個理論在以公司為家、以公司為事業生命的人聽來，簡直就是胡說八道。

可是猶太人覺得，只要對方肯出高價，買賣就可以成交。公司賣了，自己可以換個地方，重新買地蓋廠房，創立另一家更賺錢的公司。

猶太人就是這樣，可以賣掉自己辛苦經營的公司。商人是理性的人，他一切以自己的利潤作為判斷的標準。

猶太人談判的第一天，通常是以吵架結束的。

談判那天，猶太人十分準時地到達談判的地點，絕不讓你等一分鐘。雙方見面後，猶太人非常謙卑，客氣地向你問候，微笑著和你交流，那甜蜜的笑容，會讓你覺得整個世界都是美好的。

然而一旦進入談判，他們會把談判的條件提得很高，距離雙方的協定差距很遠，而且為了合約上一個小問題，會和你討價還價，雙方於是開始不停爭論，最後變成激烈的爭吵，雙方爭吵得面紅耳赤，甚至開始憤怒地謾罵。

這一天就這樣結束了。

於是談判的另一方氣憤地覺得，猶太人簡直太難打交道了，這筆生意十有八九是做不成的。

但是，就在第二天，猶太人又會和你約定談判的時間和地點，他們說話的神情十分熱情和真誠，態度是那樣溫和與客氣，好像昨天的種種不愉快沒有發生過一樣。

猶太人的態度變化如此之快，簡直讓人覺得不可思議，於是對方問猶太人態度大幅轉變的原因，猶太人哈哈一笑說：「人的細胞代謝得很快，昨天吵架的細胞，已經被今天的溫和細胞代替，所以今天沒有必要再生氣了。」

下面的談判也是這樣的，他們時時提出各種苛刻的條件，並且表示對方一定要接受，而對方提出的條件他們則一一否決，不予答應，乍聽之下真是欺人太甚，讓人忍無可忍，但他們就是用這種態度來激怒對方。

於是你不自覺地，就會認為很難把他們的條件降下來，而且你已經被他們激烈的爭吵弄得頭昏腦脹了，不知不覺就胡里胡塗地答應了很多你事先決定不答應的事情，況且你已經厭倦了這種爭吵了，所以希望盡快結束這種謾罵式的談判，無形中，你就放棄了很多利益。

這就是猶太人談判的招數：激怒對方，讓對方在憤怒中失去理智，進而答應自己的條件。這就是猶太人的精明之處，要知道猶太人是非常理性的，他們在任何時候都能理智地處理問題，而不會感情用事。就算他們在談判中顯得十分憤怒，其實他們的心裡十分明白自己是在幹什麼，一旦你被他們表面的憤怒所感染，心理失去平衡，那你在談判中就會白白地放棄自己的利益。

活用數字替你賺錢

如果一個人算不清帳，他的帳就會找他算帳。

——《塔木德》

數字能精確地反映企業的體質和健康狀況，比如說，你的經營狀況全部反映在你帳目的數字變化上，你的帳目反映了一切，你根本不需要去看你的庫存，看你的規模，只要看數字，就知道你的工廠或公司一切的經營狀況了。

猶太人思惟縝密，尤其對於數字，更是熟練。他們把這個優點應用在經商上，用數字來思考，來認識社會，讓數字為自己服務，這是猶太人精明之處。

注重數字，習慣數字，這是猶太人從幾千年流浪中得到的經驗。首先，讓數字滲透到生活的各個角落，然後從生活慣用的數字中，找出一條經商原則，以此為基礎，成為賺錢的根本。

猶太人認為，想賺錢的話，就必須把數字活用到生活中。

阿拉伯數字最初是由印度人發明的，但是如果你問阿拉伯人：「阿拉伯數字的一為什麼代表一呢？同理，二、三、四……為什麼分別表示二、三、四……呢？」

這個時候，無論是阿拉伯人還是其他民族的人都會啞口無言。即使數學知識淵博的人也很難回答。

但是猶太人機智地回答：「因為一有一個角，所以表示一，二有兩個角，所以表示二，其餘依此類推……」

如果再問：「可以證明嗎？」

猶太人毫不猶豫地回答：「這是猶太人的公理，公理是不必證明的，四千年的悠長歲月已經為證明了。」

由此可見，猶太人比其他民族更注重數字，憑著對數字幾千年的經驗，並且把這些經驗應用到經商事業上。

猶太人還可以把數字應用到生活中。

猶太人用準確的數字來描述生活的細節，他們說「今天二十五度」、「今天十七度」，不說「今天是個好天氣」、「今天冷了」。熱愛數字，愛用數字，這是猶太人在幾千年的經商生涯中總結出來的經驗。注重數字，用數字來思考，這是猶太人經商成績冠絕於世的一個重要原因。

如果你是商人，就一定要學會運用數學思惟，對你的成本利潤進行核算，這對於經商是大有裨益的。

在猶太人的經商理念中，如果你要賺錢，就要把數字準確地運用到生活中，並經常接近它，否則，是要吃大虧的。猶太人這種強烈的數字意識和豐富的數字知識，不論是在日常生活中，還是在商場做生意時，他們都可以把數字玩弄於股掌之間。

猶太人的皮包裡一直有一個計算機，他們對數字有著絕對的自信。猶太人愛做筆記，他們把日期、金額、交貨期限地點，樣樣都要寫明白，而且不讓自己出現錯誤。他們也經常有不方便記錄的時候，例如，買包香菸，抽完後就把菸盒裡的錫箔紙抽出來，在背面做紀錄，給人很隨意的感覺，但是回家後，他們都會認真地重新整理這些重點。

到了談判時，這些生活上的習慣，就變成了猶太人的備忘錄。有一次，猶太人和日本人談了一筆生意，日本人說：「好像談判時交貨日期定的是某月某日，先生您錯了吧？」

時間一到，日本人想拖延耍賴。

猶太人立即掏出香菸錫箔紙背面的紀錄：「不，是你記錯了，應該是這一日，我談判時的紀錄非常清楚和準確。」

生意人注重數字是理所當然的，其中特別值得注意的是，因為猶太人平時就將數字運用到生活中，才能很自然地把數字當成生活的一部分。

更讓人叫絕的是，猶太人善用數字的傳統，竟然被時代給印證了：現代的商業愈來愈重視數字了。現代生活愈來愈向數字靠近了，我們的姓名和各種資料都已經被數字取代了，現代辦公也已經走向無紙辦公時代了。

由此可見，作為一名老闆，還真的需要培養猶太人那種對數字的敏感。說來也奇怪，雖然不是每一個對數字敏感的人都會成為老闆，但是優秀的老闆會牢牢地把握數字的力量。

相反地，讓企業倒閉的經營者，則大多是對數字不甚敏感的人。把企業的全部都託付給財務負責人，而只賺了多少錢就完事的人，即使他們知道企業的保險箱和銀行存款裡還有多少現金，也必然對有多少借款和欠款，有多少賒賬和收據票據等，全然沒有任何把握。當然了，對目前企業有多少固定資產，負債多少等更是一概不知，即使他們了解每月、年度的大概銷售額，但大腦中卻全然沒有成本費用的概念。

這樣的老闆顯然令人對其企業的發展，不得不感到憂心。

經營與數字有著密不可分的關係。商人們很早就使用算盤了。現在用算盤的人少了，但有算盤的感覺卻是企業主不可缺少的。也就是說，金錢和物品的出入要如數清點，從數字方面要正確地加以把握。在電腦已經普及的今天，替代算盤的是在自己的辦公桌擺設的電腦，在顯示器上檢查數字。實際上，不少中小企業的老闆，辦公室的桌子上的確擺放著電腦，不過，電腦被當作裝飾品的情況卻屢見不鮮……

不論在什麼時代，老闆都非得和數字打交道不可。經營的全部知識，可以全歸納為數學的理論和公式。

討厭數字的經營者，連公司現在的資產和負債都搞不清楚，卻仍在掌舵公司，對於經營者自身，對於股東和員工，這都是非常可怕的事。

幽默是人生的良藥

幽默的人，才是擁有智慧的人。

——《塔木德》

猶太人處世和說話非常幽默，他們是一個很有幽默感的民族。猶太人流傳著大家熟知的諺語：「小偷頭上的帽子燒起來了。」

這個故事說的是：

東歐的一個城市裡，有位猶太人的帽子被人偷了，但是帽子到處都有賣，舉目一望，許多人都戴著那種帽子，根本無法區分誰是小偷。

於是這位猶太人靈機一動，大叫一聲：「小偷，你頭上的帽子燒起來了。」那個小偷在驚嚇之下，不自覺地摸了一下帽子，於是，這個小偷就被逮了。

猶太人的幽默是他們達觀的人生態度，是他們機智和智慧的表現，是他們對待苦難的樂觀，是他們蔑視敵人的高傲。

猶太人把幽默當作一種重要的精神食糧。在希伯來語中，智慧被稱為「赫夫瑪」，幽默也被稱為「赫夫瑪」，而幽默正好成了猶太民族苦中作樂和生存處世的智慧。

他們用幽默來嘲笑和面對殘酷的人生，他們用幽默來表達自己對敵人的譏諷，有這樣一個故事：

希特勒這個殺害了六百萬猶太人的魔鬼，是猶太民族的仇敵，但是他居然也非常害怕別人殺害他。有一天，他請了一位猶太占星師來占卜，他想讓這位猶太占星師算一算，他什麼時候會被暗殺。

聽到這個問題，占星師回答說：「你會在猶太人舉行盛大慶典的那一天被暗殺。」

希特勒趕忙把侍衛長召來，下令以後凡是有猶太慶典的時候，就要特別警備。

這位猶太占星師冷冷地說：「沒有用的，因為你被暗殺的日子，就是猶太人民舉行慶典的日子。」

即使是在猶太人遭受極大創傷時，也要對敵人幽默一下。

在猶太人眼中，幽默是只有強者才能擁有的特權。因此他們很重視幽默。因為，幽默是人類才有的不凡智慧。

猶太人常說：「笑是百藥中最佳的良藥。」

很多猶太傳說和民間故事，包含著深深的悲劇幽默色彩。就像許多猶太民歌一樣，它們的旋律中總是迴盪著揮之不去的憂傷，但這種憂傷卻沒有墮落或絕望或自憐自嘆。

真正有幽默感的人，能夠樂觀面對一切，但大多數的人在面臨困難、進退維谷之時，總是焦急萬分，無法幽默起來，只有強人例外。

真正被逼得走投無路的人，是沒有辦法放鬆自己心情的；唯有膽識過人的人，才能用幽默來面對危機。

幽默是一種藥，人服了它之後，就不會失去冷靜，反而可以險中求生或反敗為勝，可見幽默的效用是很大的。

猶太人在做生意的時候也特別講究幽默。

有一個故事就是這樣說的：

勞布做生意的時候缺少資金，於是他打算找他的一個朋友格林借點錢暫度難關。

「格林先生，我的手頭拮据，能先借我一萬美元嗎？」

「啊！不必客氣，勞布先生，您要借多久？」

「您先告訴我，我要支付您的利息是多少？」

「九％的利息。」

「什麼？你發瘋了，怎麼可以向你的教友收這麼高的利息呢？對教友應該只有六％的利息，你這樣的行為讓上帝看到了，祂會有什麼想法呢？」

「上帝不會有什麼想法的，因為，上帝從天上看下來的時候，九剛好像個六。」

【第三章】

在逆境和危機中發現財富

【第三章】

在逆境和危機中發現財富

蘇聯成功地發射了載人火箭之後，法國、德國、以色列等各國，也著手擬訂了一系列的月球旅行計畫，一切設備都完成了，下一步就是挑選太空人了。

主考官先問來應徵的德國人，他要多少待遇，才肯參加這次有風險的太空飛行。

德國人回答：「我要三千美元，一千美元給老婆，一千美元作為購屋基金，一千美元留著自己用。」

接著，法國人回答：「我要四千美元才行，一千美元給妻子，一千美元償還房屋貸款，一千美元給我的情人，還有一千美元留著自己用。」

輪到猶太人面對主考官時，他說：「給我五千美元我才去，一千美元給你，一千美元給我，剩下的三千美元，我要用來聘請德國人去開太空船。」

德國人和法國人都是要自己去駕駛太空船，而猶太人卻不會親自去做這些事情，他們只是在自己的頭腦裡盤算一番，然後讓別人去做就可以了。

因為，猶太人擁有的是一個精明的商人頭腦，他們明白作為一個商人，關鍵是不需要自己去做那些苦活粗活，而是要動腦筋，懂得企畫和計算，其他那些辛苦的工作，還是留給那些精通它們的德國人和法國人去做吧！

敢與風險玩遊戲

風險往往和收穫是成正比的。

——《塔木德》

勇於冒險，這是一個讚美詞，很多猶太人都是這樣的。在他們看來每一次風險，都隱藏著許多成功種子。風險愈大的生意，利潤的回報就愈高。

猶太商人歷來背負著一個投機家的名聲。在相當長的一段時間裡，「投機」這個詞是貶義詞。現在不同了，經濟學家們給「投機」換上了一個恰如其分的雅稱，名之為「風險管理」。名稱一改，猶太商人也由原來的「投機家」成了「風險管理專家」。確實，猶太商人長期以來不僅懂得做生意，也懂得「管理風險」，尤其是面對商場上的未知數，更需要很強的「風險管理」意識。

猶太商人絕不允許消極坐著等「驅逐令」或「厄運」到來，也不可能毫無準備就面對風險，讓自己措手不及。所以在每次「山雨欲來風滿樓」時，他們都能準確把握「山雨」的來勢和大小。

這種攸關生死的風險管理一旦成為習慣，他們運用到生意場上去就遊刃有餘了。有不少時候，猶太商人正是靠準確預測「風險」，反而可以發一筆財。

任何一件事都有成功和失敗兩種可能。當失敗的可能性較大時，卻偏要去做，那自然就成了冒險。問題是，許多事很難分成敗可能性的大小，那麼這時候也是冒險。

商戰的法則是風險愈大，利潤愈多。而猶太商人大多具有樂觀的風險意識，並常能發大財，猶太大亨哈默在利比亞的一次冒險的成功，就很能說明這個問題。

當時，利比亞的財政收入不高。在義大利人佔領期間，墨索里尼為了尋找石油，在這裡大概花了一千萬美元，卻一無所獲。埃索石油公司也在發現效果不大準備撤退時，才在最後一口井裡挖出油來。殼牌石油公司大約花了五千萬美元，但打出來的井有商業價值。歐美石油公司到達利比亞的時候，正值利比亞政府準備進行第二輪出讓租借地的招標，出租的地區大部分是原先一些大公司放棄了的利比亞租借地。利比亞法律規定，石油公司應盡快開發他們的租借地，如果開採不到石油，就必須把一部分租借地還給利比亞政府。

這次，有來自九個國家的四十多家公司，參加了這次租借投標。參加投標的公司，有很多是「空頭公司」，他們希望拿到租借地後再轉租。

另一些公司，包括歐美石油公司，雖財力不足，至少有經營石油工業的經驗。利比亞政府允許一些規模較小的公司參加投標，因為要避免遭大石油公司和財團的控制，其次再去考慮資金有限等問題。

這次，哈默雖然充滿信心，而且儘管他和利比亞國王的私人關係良好，仍存在許多變數。此外，他不僅在這方面經驗不足，而且和那些一舉手就可以推山倒海的石油巨頭們相比，競爭實力懸殊太大，真可謂小巫見大巫。但是，決定成敗真正的關鍵，絕不是取決於這些條件。

哈默的董事們都坐飛機趕來，他們在四塊租借地投了標。他們的投標方式不同於一般，投標書用羊皮證件的形式，捲成一卷後，用代表利比亞國旗顏色的紅、綠、黑三色緞帶紮束。

在投標書的正文中，哈默加了一條：他願意從尚未扣稅的毛利中，拿出一部分錢供利比亞發展農業用。此外，還允諾在國王和王后的誕生地庫夫拉附近的沙漠綠洲中，尋找水源；另外，他還將進行一項可行性研究，一旦在利比亞找出水源，他們將和利比亞政府聯合興建一座氨氣廠。

最後，哈默終於得到了兩塊租借地，使那些強大的對手大吃一驚。這兩塊租借地都是其他公司耗費巨資後一無所獲，不得不放棄的。

這兩塊地租借不久就成了哈默煩惱的源泉。他鑽出的頭三口井都是滴油不見的乾孔，光是打井費就花了近三百萬美元，另外還有兩百萬美元，用於地震探測和給利比亞政府官員，以進行不可告人的賄賂行為。於是，董事會裡有許多人開始把這項雄心勃勃的計畫叫做「哈默的蠢事」，甚至連哈默的知己、公司的第二股東里德也失去了信心。

但哈默的直覺使他固執己見。在和股東意見分歧的那幾天裡，第一口油井出油了，此後另外八口井也出油了。這下公司的人樂壞了，這塊油田的日產量是十萬桶，而且是品質要比一般石油好的高級原油。

更重要的是，油田位於蘇伊士運河以西，運輸方便。這時，哈默在另一塊租借地上，採用了最先進的探測法，鑽出了一口日產七．三萬桶自動噴油的油井，這是利比亞當時規模最大的一口油井。

接著，哈默又投資一．五億美元，修建了一條日輸油量一百萬桶的輸油管道。之後，哈默又大膽吞併了好幾家大公司，等到利比亞把油田實行「國有化」的時候，他已羽翼豐滿了。

哈默的一系列事業成功，完全歸功於他的膽識和魄力，他不愧為一個有著猶太血統的大冒險家。

當然，另一個大冒險家洛克菲勒也同樣讓世人驚嘆。

洛克菲勒踏入社會後的第一個工作，就是在一家名叫休威・泰德的公司做書記員，這是他精於計算的良好開端。

在休威公司的第三年，他已經對經營貿易的要訣掌握了十之八九，並且對這個行業躍躍欲試。在這一年，他自作主張地做起了小麥粉以及火腿生意。不久，英國發生飢荒了，使他的計畫得到實現的契機。

休威公司把囤積在倉庫裡的食品貨物，轉賣歐洲饑荒蔓延的地區，賺得高額利潤。因此，洛克菲勒要求公司為他加薪到八百美元，但老闆支支吾吾，於是，洛克菲勒辭掉工作，創辦自己的公司。

一八五九年三月十八日，洛克菲勒與人合夥經營的「穀物牧草經紀公司」開張了，當時洛克菲勒不過十九歲。在這個經紀行裡，他仍然主要幹老本行：經營各種與企業聯繫密切的資金等專案。

他的合作夥伴克拉克則當「外場」應付顧客，處理商品的進貨和銷貨。克拉克對洛克菲勒的縝密心思十分欣賞。他形容說：「他有條不紊到極點，留心細節，不差分毫。如果有一分錢該給我們，他會爭取，如果少給客戶一分錢，他也要客戶取走。」

由於洛克菲勒的勤奮工作和精明頭腦，南北戰爭爆發時，再次成為他發財的契機。為了逃避兵役，洛克菲勒曾找過不只二十個替身，並且因為歉疚感作祟，捐給北軍一大筆錢款。

儘管洛克菲勒逃過了兵役，避免了在這場殘酷的戰爭中和六十萬年輕人一樣灰飛煙滅，但他也並不是不問天下事的人，相反地，他密切注意著戰爭形勢的發展。

在經紀公司的辦公室裡，他的牆上掛滿了戰況圖和各種從華盛頓傳來的政治新聞，以及前線的最新動態。公司的職員們常常看到洛克菲勒在他的「陸軍參謀部」裡走來走去，不時用筆在特殊的座標點點畫畫，或埋頭記錄著什麼。

洛克菲勒藉著對戰爭形勢的精確分析，因此，讓他的投機生意做得十分成功。

你看到有風險嗎？沒有看到？很抱歉，你可以先睡一覺，因為沒有風險就沒有利潤，你唯一能做的就是睡覺和吃飯。

你遇到風險了嗎？遇到了？恭喜你，接下來，高額的利潤會獎勵你不畏風險的勇氣。

沒有人喜歡失敗，但人人也都沒把握一定能成功；但是，當財富敲響大門時，並不是所有的人都能抓住機會，把走到自己家門口的財富留下來。

人們常犯的錯誤是，千載難逢的機會已經倒貼上來時，他還在患得患失、猶豫不決，或是沒有信心，或是對突如其來的好機會麻木不仁，沒有反應，讓機會和財神在自己面前溜走。

不要一直盯著機率不大的風險而猶豫不前，不敢擔風險的人，必將一事無成。

摩根家族的祖先，是西元一六〇〇年左右從英國遷移到美洲來的，傳到約瑟夫・摩根時，他賣掉了在麻塞諸塞州的農場，到哈特福定居下來。

約瑟夫最初以經營一家小咖啡店為生，同時還賣些旅行用的籃子。這樣苦心經營了一些時日，逐漸賺了些錢，就蓋了一座很氣派的大旅館，還買了運河的股票，成為汽船運輸業和地方鐵路的股東。

一八三五年，約瑟夫投資了一家叫做「紛特納火災險」的小型保險公司。所謂投資，也不要現金，出資者的信用就是一種資本，只要你在股東名冊上簽名即可。只要不發生火災，這無本生意就能穩賺不賠。

然而過了不久，紐約發生了一場大火災。投資者聚集在約瑟夫的旅館裡，一個個面色蒼白，急得像熱鍋上的螞蟻。很顯然地，不少投資者沒有經歷過這樣的事件，他們驚惶失措，願意自動放棄自己的股份。

約瑟夫便把他們的股份通通買下，他說：「為了付清保險費用，我願意把這旅館賣了，不過得有個條件，以後必須大幅度提高保費。」

約瑟夫把寶全押在這家火險公司上。這真是一場賭注，成敗與否，全看此舉。同時，有一位朋友也想和約瑟夫一起冒這個險，於是，兩人湊了十萬美元，派代理人去紐約處理賠償事項。結果，從紐約回來的代理人帶回了大筆現款，這些現款是新投保的客戶，所給的手續費甚至比原先高一倍。

這個時候，「信用可靠的伊特納火災保險」已經在紐約聲名大噪。這次火災後，約瑟夫淨賺了十五萬美元。

這個案例告訴我們，只要能夠把握住關鍵時刻，就可以把危機化為賺大錢的商機。

弱者等待機會，強者則創造機會。

猶太民族歷經磨難，但他們面對困境時，卻常抱著積極樂觀的態度，因為，樂觀者押中大獎的機會，永遠會多一些。

在危機中發現希望

當壓力出現，迫使我們改變現狀時，我們要不顧一切地戰鬥，即使面臨強敵也要戰鬥，生命不死，戰鬥不止。

——《塔木德》

有這樣的一個科學實驗：

科學家燒開一鍋油，打算把一隻青蛙放進滾熱的鍋裡，那隻青蛙在一碰觸到油面的時候，就跳離了油鍋。

然而，把這隻青蛙放進注滿冷水的鍋裡，鍋底再放火去煮，這隻青蛙剛開始還不覺得熱，後來水愈來愈熱，牠想跳開時，這才發覺全身已麻痺，最後被水煮死。

猶太人就像那隻碰到油鍋的青蛙，他們時刻充滿了危機意識，在任何情況下都保持著警惕。許多猶太人的一生經歷了許多痛苦和苦難，因此，當他們有了安定生活的時候，是絕不會忘記曾經受過的苦難的。在他們的心裡，時刻充滿了警惕，目的就是不讓自己忘記過去。

為了不讓自己忘卻苦難，他們制定了各種規則，在他們的日常生活、在他們的紀念節日、假日甚至婚禮上，都時刻提醒自己，不要忘記過去的痛苦。

他們每週的休息日是從星期五開始，直到星期六為止，星期天規定為一週的開始。為什麼要把週五的黑夜，定為全家幸福愉快節日的開始呢？《塔木德》是這樣解釋的：「因為，與其明亮地開始、黑暗地結束，倒不如黑暗地開始、明亮地結束。」這就提示人應該先吃苦再享受。

根據猶太民族的歷史記載：猶太人早期曾在埃及做奴隸，過著很悲慘的生活。西元前十五世紀的時候，他們在先知摩西的率領之下，越過沙漠，由於來不及準備吃的，他們只能吃那些沒有發酵的麵餅和路邊的野菜，最後千里迢迢、千辛萬苦地回到以色列。

這件事距離現在已經有三千五百多年了，可是時至今日，猶太人仍然在紀念那段苦難的日子，讓自己不要忘記苦難和屈辱。

即使在結婚這樣喜慶、重大的事情上，他們也提醒新人不要忘記苦難。婚禮規定新人喝完酒後，不能把酒杯放入盤中，而是喝完酒後把酒杯摔碎，這個動作表示兩個人要同甘共苦，一起度過苦難的一生。希望兩個人不要講究享樂而忘記艱辛，因為，這是敗家的開始。

人們評價猶太人的危機感及憂患意識說：「每當幸運來臨的時候，猶太人總是一再確認；而每當災難來臨時，猶太人總是最先察覺到。」

任何一個猶太人都知道他們是輸不起的，他們只有成功，失敗了，就意味著滅亡和永遠沒有機會再來，因而，他們都非常努力，一點也不敢怠慢。

很多猶太人都在大家不看好，且認為無法東山再起的絕境中，反敗為勝，得到成功。

打開猶太名人的少年經歷，就會發現在十個猶太名人裡面，有八九個是從小在苦難、坎坷中長大的。猶太人的這種在逆境中成功的精神，永遠讓世人所敬佩。

成功對於他們來說，不是「我需要」，而是「我必須」。

即使是在他們遭受驅逐和凌辱的時候，在他們像爛泥一樣被踩在腳下的時候，他們也絕不放棄自己是上帝選民的自豪感，別人欺凌他們，說他們是「猶太豬」，希特勒說猶太民族是劣等民族，不配和高貴的德國人一起生活在世界上，可是他們從來沒有這樣認為過，他們反而覺得自己是最值得驕傲的民族。

於是世界各地的猶太人，為了自己擁有「上帝的選民」這個稱號而自豪，使這個備受欺凌的民族團結在一起。他們用自己巨大的財富，讓世人羨慕和妒忌他們。

如何讓國王的馬飛上天？

用微笑面對苦難，最後，苦難也會用微笑回報你。

——《塔木德》

猶太人是從不悲觀的，他們永遠積極進取，即使遇到了最艱難的困境，也從不輕易放棄希望，即使只剩一口氣。

《塔木德》中有一則名叫〈飛馬騰空〉的寓言。

古時候，有一個叫哈比的猶太人，因觸怒了國王而被判了死刑，這個人向國王請求饒恕一命，他說：「只要給我一年的時間，我就能讓您最心愛的馬飛上天空。如果過了一年，您的馬不能在天空自如飛翔的話，我寧願被處死刑，絕不會有半點怨言。」

國王想了想，就答應了他。

哈比回到牢房之後，另一位囚犯對他說：「你不要信口開河好不好，馬怎麼能飛上天空呢？」

這個猶太人回答說：「在這一年之內，也許國王會死，也許我自己病死，說不定那匹馬出了意外送了命。總之，在這一年之內，誰知道會發生什麼事呢？」

猶太人認為，凡事都不要太悲觀，在這樣的觀念下，猶太人即使面對危機，總可以保持樂觀，他們可以在別人覺得不可能的地方，找出可能性，讓不可思議的事情，變成事實。

股票大王約瑟夫・賀希哈小時候是個乞丐，但他卻發誓，自己一定要成就一番偉大的事業。

在流浪街頭覓食中，約瑟夫・賀希哈每天撿別人不要的報紙，坐在街邊的石椅上看個不停，晚上藉著路燈閱讀撿來的書。在這麼一種惡劣的環境下，他慢慢地對書報上的經濟資訊、股市行情產生了興趣，於是，他決心從股票方面發展自己的事業。

對於一個衣不蔽體、食不果腹的一無所有者，竟然想發展股票事業，人們覺得他簡直是異想天開，但是約瑟夫・賀希哈就是憑著他這股頑強的精神，一步一步地往這個目標前進。

一九一四年第一次世界大戰開始了，紐約證券交易所和其他證券交易所都因經營慘澹而關閉了，絕大多數的證券公司也岌岌可危。就在這個時刻，約瑟夫・賀希哈才到證券交易所去找工作。

當時，幾位在交易所門口玩紙牌的人聽到他來找工作，不禁哄然大笑起來，認為他在股市大崩盤的情況下還想做股票工作，肯定是神經有問題。

小賀希哈沒有灰心喪氣，他轉身到別的交易所去尋找工作。在接連受到潑冷水、譏笑的情況下，他仍不放棄自己的追求，最後，他來到了百老匯大街一二〇號的依奎布大廈，在愛默生留聲機公司那裡找到了一份工作，那是一份負責辦公室打雜和午間總機接線的工作，工資非常低，每週只有十二美元，他仍樂意地接受了這個工作。

他滿腔熱情地開始了工作，並十分珍惜自己擁有的這個機會，他利用晚間和假日認真鑽研股票知識和市場行情。不久，賀希哈發現愛默生留聲機公司也發行股票和經營股票，於是他時刻注意著公司的經營情況。

他想，自己現在從事的打雜工作與高層次的股票操作差距太大，怎樣才能使自己靠攏它，甚至也可以操作股票呢？

有一天上午，他鼓起勇氣，敲開總經理辦公室的門，大膽地提出：「總經理先生，我可以做您的股票經紀人嗎？」

總經理驚訝後稍沉默了一下，盯著這位猶太小夥子，覺得他半年來工作勤快，反應靈活，於是，對賀希哈說：「膽量是成功的首要條件，你既然有這種勇氣，就試試看吧！」

此後，賀希哈成為愛默生留聲機公司股票行情圖的繪製員，他運用自己積累的股票知識和行情資料，很快就上手了。在工作中，他對股票買賣領悟更深了，為他日後事業的發展，打下了堅實基礎。

賀希哈在愛默生公司工作時，每天除了花很少的車費、午餐費外，其餘全部積蓄下來；同時，還替另一家股票交易所當跑腿，這份兼職工作是從每天下午六點到第二天凌晨兩點，來回跑送相關文件，每星期從中賺取十二美元的報酬。經過三年的艱辛努力，他積累了兩千美元。

於是，他根據自己的人生計畫，自立門戶成了一名股票經紀人，從此走上發財之路。不到一年時間，他已經擁有了一百六十八萬美元的資產。

股海是變化莫測的，它不會被人們的意志所左右。當賀希哈的財富積累到上億美元時，有一次股市驟然崩盤，他先前買股票所賺到的上千萬美元及其他獲利，一下都虧光了。

這一次慘敗並沒有打敗賀希哈的堅毅精神，相反地，使他更堅定信心，變得更聰明了。

他回憶說：「這一次失敗我只留下四千美元，幾年的心血幾乎輸光了，那是我一生最痛苦的一次錯誤。但是，我認為，一個人如果都不會犯錯，他就是在說謊話，我如果不犯錯，也就沒有辦法學到這些寶貴的經驗。」

確實，那次失誤後，賀希哈經營股票順利得多了。到一九二八年，他已經成為每月可以賺二十萬美元的股票大王了。

一九二九年是他最輝煌的一年，這一年也是股市歷史上最熱鬧的一年，幾乎全民都加入了股票買賣的行列。

豐富的經驗，已使賀希哈認定大雨和風暴即將來臨，他果斷地將一九二八年末及一九二九年初大量買入的各類股票，一分不留地拋售，得到了相當於原來投資十多倍的回報，他一下又賺了上億美元，成為當時赫赫有名的股票大王。

從約瑟夫・賀希哈的發跡歷程中可見，一個人或一個企業的成功不容易，這些人必須有積極進取的精神，不畏困難，不怕挫敗，猶太人就具備這種精神。

在逆境中發財

請主給我磨難，考驗我對主的信仰；請主給我苦痛，讓我和普通人不一樣；請主給我逆境，讓我擁有成功。

什麼是逆境？逆境就是老天看你不順眼的時候，也是人們遭受挫折或失敗的時候。在人的一生中，這種境況大概誰都會遇到幾次，問題是我們應該用怎樣的態度去對待逆境。

怨天尤人、灰心喪氣是人們面對逆境時，最常見的一種態度。大部分的人只要遇到一連串的打擊或不幸，通常就一蹶不振、沉淪頹廢，很多人就這樣從人間蒸發了，我們再也聽不到他們的任何消息。

事實上，面對逆境，有些人懂得以堅強不撓的態度來面對，屈身忍耐、靜心等待，他們堅信萬事萬物都是一直在變化的，三十年河西，三十年河東，說不定哪一天時來運轉，就可以鹹魚翻身、東山再起。

還有一種態度，就是把逆境看作是很平常的事，任憑你風吹浪打、放狗咬人，我依然老神在在，不為所苦。這種人很少，因為他已經看透了人生，擁有超凡脫俗的大智慧。

此外，也有人把逆境看作是一種人生挑戰，就因為有外來的壓力，才能激發出他的潛力，他的勇氣也升了幾級。

還有一些人好像就是為逆境而生的，當他一帆風順的時候，反而昏昏欲睡，而一遇到逆境，有了壓力，反而精神抖擻，變成了一個勇者或英雄。

曾有位心理學家做過這樣的試驗：

他把一百個人分成A、B兩組，A組的人所處環境舒適，可以打高爾夫球，有高級轎車接送，打橋牌、吃西餐，總之，他們的一切需求和欲望都可以得到滿足。

B組卻無論做什麼，都不如意，要吃飯，電鍋壞了；口渴了，水質卻很髒；想洗澡，才發現停水，肥皂也發霉變黑。

就這樣過了六個月，A組的人整天昏昏然，精神不濟，對人生感到無聊和空虛；而B組的人卻精神抖擻，隨時有很多解決問題的創意。

有時候，我們不妨試著跳出人類的思惟，從上帝的角度來看「逆境」這件事，你會發現：「逆境」也許是上帝設計的一種淘汰機制，看某些人能不能通過逆境的考驗，藉著殘酷無情的逆境，讓禁得起考驗的人，就此脫穎而出。

因此，逆境也可說是人生的一個分水嶺，有的人就此銷聲匿跡，有的人從逆境中崛起，人生和事業就此進入了一個全新的境界，整個人也脫胎換骨，像破蛹而出的蝴蝶一樣，獲得新生。

在兩千多年漂泊流離的生活中，猶太人一直處在逆境之中，在這漫長的日子裡，他們學會了忍耐和等待，學會了低調處事做人，學會了如何在逆境中求生的智慧。

猶太企業家路德維希・蒙德，學生時代曾在海德堡大學和著名的化學家布恩森一起工作，後來他們發現了一種從廢礦中提煉硫磺的方法。

後來路德維希・蒙德移居英國，也把這一研究報告帶到英國，幾經周折，才找到一家願意和他合作開發的公司，結果證明他的這個專利是有經濟價值的。

蒙德從此萌發了自己開創化工企業的念頭。他買下了一個用氨水來讓鹽轉化為碳酸氫鈉的專利，這種方法是他一起參與發明的，但當時還不很成熟。蒙德在柴郡的溫寧頓買下一塊地，建造廠房；同時，他繼續實驗，好讓這個化學專利更成熟更穩定。

然而，一再實驗失敗之後，蒙德乾脆住進了實驗室，晝夜不停地工作。經過反覆實驗，他終於解決了技術上的難題。

一八七四年廠房落成，剛開始生產情況並不理想，成本居高不下，連續幾年，企業完全虧損。同時，當地居民也擔心大型化工廠會破壞生態平衡，集體抗議，希望蒙德遷廠。

這時，猶太人在逆境中堅忍的性格，幫蒙德度過了難關，他不氣餒，終於在建廠六年後的一八八〇年，在技術上又取得了重大突破，產量增加了三倍，成本也降了下來，產品由原先每噸虧損五英鎊，變成獲利一英鎊。

當時的英國，工廠普遍實行十二小時工作制，工人一週要工作八十四小時。蒙德做出了一項重大決定，將工人工作時問改為每天八小時。事實證明，工人每天八小時內完成的工作量，與原來的十二小時一樣多。

這時，工廠周圍居民的態度也發生了轉變，大家爭先恐後要進入他的工廠上班，因為蒙德的企業規定，在這裡上班，可以獲得終身保障，並且當父親退休時，還可以把這份工作傳給兒子。

後來，蒙德建立的這家企業，成了世界最大的化工企業。

凡事不順利的時候，要懂得堅忍，但也不是一味地忍下去，所謂的「忍」也是要有策略和目標的，究竟應忍耐到什麼程度，應該什麼時候放棄，也是身處逆境、敗中求勝的智慧。

一旦決定在某項事業上投資，我們一定要設定投資短期、中期和長期的三套計畫。

短期計畫投入後，即使發現實際情況與事前預測有相當出入，我們也會毫不吃驚或動搖，仍積極按照計畫投入資金。

經過短期計畫的實施後，儘管效果不及預料的好，我們仍會推出第二套計畫，繼續追加投入，設法完成計畫。

如果第二套計畫深入進行後，仍未達到預測的效果或事實與計畫不相符，而又沒有確切的事實證明未來會好轉，那麼就應毅然決然地放棄這宗買賣或投資。

一般人認為，放棄已實施了兩套計畫的事業，豈不是前功盡棄，虧掉了不少本錢？

猶太人不這樣認為。

生意雖然未盡如人意，但沒有為未來留下後患，不會留下一個爛攤子來折磨自己，長痛不如短痛，這才是明智的選擇。

英國猶太人詹姆士原來沾染了惡習，像個花花公子，把父親給他的一筆財產花光了後，生活也難以為繼，這時，他才覺醒要努力奮鬥，決心從頭做起。

他從哥哥那裡借來一點錢，自己開辦一間小藥廠。他親自在廠裡負責生產和銷售工作，從早到晚每天工作十八個小時，把工廠賺到的一點錢積蓄下來擴大再生產。幾年後，他的藥廠辦得有點規模了，每年有幾十萬美元的獲利。

但靈敏的詹姆士經過市場調查和分析研究後，發現當時藥物市場發展前景不大，又了解到食品市場前途光明。畢竟，全世界有幾十億人口，每天總要消耗大量各式各樣的食物。

經過深思熟慮後，他毅然賣掉了自己的藥廠，再向銀行貸得一些錢，買下「加雲食品公司」的控股權。

這家公司是專門製造糖果、餅乾及各種零食的，同時經營菸草，它的規模不大，但經營類別不少。詹姆士對該公司掌控後，在經營管理和行銷策略上進行了一番改革。他首先將產品規格和包裝加入創意，例如，把糖果延伸到巧克力、口香糖等多個品種；餅乾除了增加品種，細分兒童、成人、老人餅乾外，還向蛋糕、蛋捲等點心類發展。就這樣，他使公司的銷售額迅速增長。

接著，詹姆士在市場領域上下工夫，他除了在法國巴黎經營外，還在其他城市設分店，後來還在歐洲許多國家開設分店，形成綿密的連鎖銷售網。隨著業務的增多，資金變得雄厚，詹姆士又隨機應變，把英國、荷蘭的一些食品公司收購，使其形成大集團，聞名全世界。

詹姆士的成功，關鍵在於他當初懂得取捨，當他發現小藥廠的前途不看好時，就能及時捨棄，然後大膽轉向食品行業，才有後來的事業成就。可見，懂得放棄，懂得掌握退場時機，也是在商場上致勝的關鍵策略。

成功者不怕犯錯

人生是要犯錯誤的，不犯任何錯誤的人，
注定是一無所成的人。

——《塔木德》

逆境之中本來就應該堅強，因為，誰都有失敗和陷入困境的時候，就算身處很艱難的困境，也不應該先投降，應該撐到最後一秒鐘，即使眼前已經無路，也不放棄最後的機會。

每個人都有陷入困境、遭遇坎坷、工作挫敗、事業失意的時候，說得重一點，幾乎可以說，在我們每個人降生到這個世界以前，就注定了要經歷各種困難折磨的命運。

既然逆境痛苦是前生注定，今生就豁達地接受考驗吧！

人生本來就無常，運好的時候，做什麼生意都順，財源滾滾而來，取之不盡，用之不竭。

等到衰運來值班，你的錢莫名其妙就會從口袋溜出去，你的事業也會諸事不順，你的貴人全部蒸發，身邊忽地冒出一堆小人和敵人，甚至乖乖坐在家裡，災禍自己就會來敲門。

於是，你只能咬緊牙關，忍氣吞聲，節衣縮食地過日子，請上帝保佑好運快點再來臨。

老實說，不夠堅強的人，一旦遇到這種不是人過的逆境，誰不搶著舉白旗，向全天下承認自己已經失敗，有的人甚至禁不起折磨，就直接去找上帝報到。

假如我們夠堅強，就該明白，我們都是為了經歷這些逆境，才來到這個世界的，這些逆境是老師，我們要學的功課，都是在逆境中才學得到的。

面對逆境，能處之泰然的，首推猶太商人。他們能在危險來臨時，仍泰然自若地做生意；甚至把逆境看成是做生意的最好時機。

下面有一則關於猶太人面對逆境的笑話：

不知從何時起，猶太人有個不能在安息日工作的規矩，這一天，人們必須在家休息並勤做功課。但偏偏有人破壞這個規矩，在安息日照常營業。在一次布道時，拉比指責這個人褻瀆了安息日。那個老闆事後卻送給拉比一大筆錢，拉比十分高興。

等到第二個禮拜時，拉比對在安息日營業的老闆指責，就不是那麼嚴厲了，因為他期望那個老闆給的錢會更多一些。

然而，這次他一個子兒都沒得到，拉比感到十分奇怪，便詢問老闆理由。

那位老闆說：「事情十分簡單，在你嚴厲譴責我的時候，我的競爭對手都害怕了，所以，安息日只有我一個人開店，生意興隆。而你這次說話很客氣，也沒什麼指責。結果，這樣一來，大家都敢在安息日營業，我的收入就少了，當然不會再給你錢了。」

猶太商人的這顆發現商機的頭腦，可以說是在特定的逆境中磨鍊出來的。他們之所以能在非常困難的情況下經商，是因為他們知道生意在哪裡，他們對商機和利潤，總有一種超乎常人的敏感。

當初，是因為拉比講道時不准商店營業，而許多人害怕褻瀆神靈，才紛紛歇業。猶太商人沒有義務遵守基督教的教義，只要合法，他們當然會拚命大賺特賺。

此外，經濟不景氣是經營企業難以避免的事，企業的市場版圖每次一遇到不景氣，就要重新劃定一次，只有體質健全或具有遠見的人，才能存活或擴大市場佔有率。

不景氣經常讓「體質欠佳」的企業提前退出市場，也使潛在的金融弊端加速引爆，同時也讓習慣過奢靡生活的人，有反省的機會。因此，從長遠來看，不景氣具有一定的正面意義。事實上，不景氣時有人賺錢，也有人賠錢，只有在困境中追求突破、追求成長的，才是真正的企業家。

「股市之神」猶太人考夫曼，於一九三七年出生於德國，因遭受納粹的迫害，一九四六年隨父母逃到北美定居。他剛到北美時不懂英語，進入學校讀書十分困難，但他很有耐性，不怕別人嘲笑，大膽地與小朋友交談，為的是向他們學習英語。

此外，他還利用課餘時間補習英語，甚至在吃飯時和走路時也背誦英語字彙，才半年的時間，他就能熟練地講英語了。

他家境不佳，卻以半工半讀的方式讀完了大學，並先後獲得了學士、碩士和博士學位。在工作中，他不辭勞苦、刻苦鑽研，從銀行的最低層工作做起，最後成為世界聞名的所羅門兄弟證券公司主要合夥人之一，而且，他對股市料事如神，也因此成為證券市場的權威之一。

英國大文豪Ｈ・Ｇ・威爾斯，在他成為文豪前曾從事過近十種職業，但都一無所成，現代著名科學家克達林曾說：「我的成功發明，每項都幾乎經過九十九次的失敗。」

在人生遊戲中，不如意的事常常有，我們都沒有悲觀的權利和資格，失敗乃是成功必經的過程，關鍵是要具有過人的耐力和意志力。

昨天或今日的失敗，並不意味最後的結局。善用失敗與錯誤的教訓，才是自我教育和提高成功機會的最好教材。

最怕的是那些犯了錯或失敗而一蹶不振的人，一個人沒有了意志力，才是真正的失敗者。

在不景氣剛開始時，資金應盡快退場觀望，靜待谷底出現，以避免資金貶值；然而也別忽略了進場撿便宜貨的時機，因為，不景氣時保有現金，將具有較大的議價空間。

此外，也應趁這個時候，全面改善或維修生產設備，以便景氣來臨時能把握時機。

在景氣時，多數工作人員忙於本身事務，很難有時間接受訓練，並且不能增強某方面的技術。不景氣或企業成長遭遇瓶頸時，應在產品開發、策略調整、製造品質改善、內部管理與人際溝通方面做訓練，等景氣來時就可以派上用場。

風險，其實是財富的代名詞

當機會來臨時，不敢冒險的人永遠是平庸之輩。

——《塔木德》

身處逆境當中，不氣餒，不失去希望當然是重要的，承受壓力甚至苦難，頑強地忍耐著等待機會更顯可貴。

但是，命運的改變往往就在於某一個機會上，抓住這個機會可能成功，也可能失敗，成功與失敗均是不可預見的，去做就意味著冒險；而在失敗與成功都不可把握時，就更意味著風險很大。那麼，面臨這樣的狀況，我們該怎麼辦？

由於身處逆境當中，我們可以掌握和運用的資源非常有限，往往就是「賭上身家性命，成與不成在此一搏。」贏了，我們的人生就此翻身，輸了，就是一敗塗地。

一般人，遇到了決定成敗的機會，往往會望而卻步，甘願放棄機會，而勇者就會知難而上，激流勇進。

只要我們估計了自己的能力和各方面的狀況，不是盲目冒進，就應該大膽地去嘗試，去冒一次險。

「高風險，意味著高報酬」，只有敢於冒險的人，才會贏得人生；而且，那種面臨風險，審慎前進的人生體驗，也讓我們練就了過人的膽識，這更是寶貴的財富。

猶太人無疑是這種財富的擁有者：他們憑著過人的膽識，知難而進，逆流而上，往往贏得了出人意料的成功。這種身臨逆境，勇於冒險的進取精神，是成就「世界第一商人」的又一重要因素。

猶太人歷來以冒險家聞名於世。無論在東方還是西方，在很長一段時間內，「冒險家」都是一個貶義的稱呼，不過，現在人們的觀念終於轉變過來了。

人們認識到，風險是客觀存在的，做任何事情都有成功與失敗的可能。因為嚴格來講，促成一件事情成功的因素太多太複雜了，人的腦袋根本無法掌握那些「未知的變數」，充其量只能掌控其中一小部分，做任何事情都有風險，只是大小不同罷了。

十九世紀八〇年代，關於是否購買利馬油田的問題，洛克菲勒和股東們發生了嚴重的分歧。利馬油田是當時新發現的油田，地處俄亥俄州西北與印第安那東部交界的地帶。

那裡的原油有很高的含硫量，經化學反應變成「硫化氫」，它發出一種雞蛋壞掉後的難聞氣味，所以人們都稱之為「酸油」。

當時，沒有煉油公司願意買這種低品質原油，除了洛克菲勒。洛克菲勒在提出買下油田的建議時，幾乎遭到了公司執行委員會所有委員的反對，包括他最信任的幾個得力助手。

因為這種原油的質量太差了，價格也最低，雖然油量很大，但誰也不知道該用什麼方法進行提煉。但洛克菲勒堅信一定能找到除去硫的辦法。在大家互不相讓的時候，洛克菲勒最後「威脅」股東，宣稱自己將冒險去進行這個計畫，並不惜一切代價，誰都不能阻擋他。

委員會在洛克菲勒的強硬態度下被迫讓步，最後標準石油公司以八百萬美元的低價，買下了利馬油田，這是公司第一次購買原油的油田。

此後，洛克菲勒聘請一名猶太化學家，花了二十萬美元，讓他前往油田研究去硫問題，實驗進行了兩年，仍然沒有成功，此期間，許多委員對此事仍耿耿於懷，但在洛克菲勒的堅持下，這項希望渺茫的工程仍未被放棄。然而，這真是一件天大的幸事，又過了幾年，猶太科學家終於成功了！

這一豐功偉績，正充分說明了洛克菲勒具有穿透迷霧的遠見，也具有比一般大亨更強的冒險精神。只要是人，就不可能一輩子一帆風順。

然而，懂得從失敗中學到經驗和智慧，這才是無可比擬的珍貴財富，只有坦然面對失敗的人，才算真正成熟的人。

在這方面，大概沒有任何民族比得上猶太人。世界上大部分民族的節日，都含有慶祝的意味，而猶太人的節日，大多是為了記取他們曾經遭受的苦難與失敗。他們在每一年的節日中，回憶祖先的失敗，藉以警惕和自我激勵。

猶太女作家戈迪默無疑是猶太民族的驕傲。

她是第一位獲得諾貝爾獎的女作家，也是諾貝爾文學獎設立以來的第七位獲獎者。然而，這份榮譽是她用四十年的心血和汗水得來的，這當中，她多次面臨嚴重的挫敗，但她從不放棄自己，也毫不氣餒。

她於一九二三年十一月二十日出生在約翰尼斯堡附近的小鎮——斯普林斯村，她是猶太移民的後裔，母親是英國人，父親是來自波羅的海沿岸的珠寶商，幸福的家庭生活，啟發了小戈迪默的無限憧憬和夢想。

六歲那年，她撫摸和凝視著自己纖細而柔軟的軀體，夢想著當一位芭蕾舞演員，她從劇院裡得知，舞台生涯，最能淋漓盡致地表現人的情感，也許這就是她追求的事業。

於是，一個陰雨連綿的星期六，她報了名，加入了小芭蕾劇團的行列，但事與願違，由於體質太弱，她對劇烈活動的舞蹈並不適應，經常被一些小病痛糾纏著。久而久之，小戈迪默只好被迫放棄了這個理想。

遺憾之餘，這位倔強的女性暗暗發誓：條條大道通羅馬，她終究要找到適合自己的成功之路。

然而，命運不但沒有賜福給她，反而把她逼上更加痛苦的深淵。八歲時，她又因生病離開了學校，中斷了學業，夜晚，她常常流著無奈的淚，期盼著明天身體會好轉，然而，天不從人願，也只好終日坐在床上與書為伴了。

某個明媚的夏日，心煩意亂又十分孤獨的戈迪默，偷偷地走上了大街，她想從車水馬龍的街上找到一點快樂。

突然間，她被一塊不大不小的木牌所吸引，並且久久不願離開，這木牌上寫的是：「斯普林斯圖書館。」

她欣喜若狂，早已將課本讀熟了的她，最渴望的莫過於書了。此後，她迷上了這家圖書館，整日泡在書堆裡。

圖書館的下班鈴響了，她卻一頭鑽在桌子底下，等圖書館的大門確實鎖上了，她才鑽出來，在這自由自在的王國裡，她盡情而貪婪地吸吮著知識的營養。就這樣，慢慢地，使她對文學產生了濃厚的興趣。

她那稚嫩的小手拿起了筆，濃烈的情感化為文字流淌在白紙上。那年，她才九歲，文學生涯就此開始。出人意料地，十五歲時，她的第一篇小說在當地一家文學雜誌上發表了。

當時，不認識她的人，誰也不知道這些優秀的小說，竟是出自一位少女之手。

幾年以後，戈迪默的第一部長篇小說《說謊的日子》問世。優美的筆調、深刻的思想內涵，轟動了當時的文壇。戲劇界、文學界幾乎同時將關注的目光投向了這位女作家。

像一匹野馬，戈迪默的創作一發不可收拾。漫長的創作生涯，她相繼寫出十部長篇小說和兩百多篇短篇小說。驚人的產量，加上精緻的品質使她連連獲獎：她的《星期五的足跡》獲英國史密斯獎；之後她意外地又獲得了英國的文學獎。

她說：「我要用心血浸泡筆端，謳歌黑人生活。」滿腔的熱忱很快就得到報答。她的《對體面的追求》一出版，就成為成名之作，受到了瑞典文學院的注意。

她創作的《沒落的資產階級世界》、《陌生人的世界》和《上賓》等佳作，輕而易舉地入圍諾貝爾文學獎。

然而，就在她春風得意、乘風揚帆之時，一個浪頭伴一個旋渦使她又幾經挫折，瑞典文學院幾次將她提名為諾貝爾文學獎的候選人，但每次都因種種原因而未能得獎。

面對打擊，這位弱女子若有所失，她曾在自己的著作扉頁上，沉重地寫著：「內丁·戈迪默獲諾貝爾文學獎。」然後在括弧內寫上「失敗」二字。然而，暫時失落並沒影響她對事業的追求，她一刻也沒放鬆過文學創作。終於，她從荊棘中闖出了一條成功的路。

羅森沃德是全美最大的百貨公司西爾斯·婁巴克公司的最大股東，也是全美二十世紀商界風雲人物。然而，這個以做服裝生意起家的富翁，卻也經歷了許多創業時的失敗與艱辛。

羅森沃德一八六二年出生在德國的一個猶太人家庭，少年時隨家人移居北美，定居在伊利諾州的斯普林菲爾德市。

羅森沃德的家境不大好，為了維持生活，中學畢業後，他就到紐約的服裝店當跑腿，做些雜工，羅森沃德從年幼時就受猶太人的教育影響，使他擁有了艱苦奮鬥的精神。他確信凡人皆有出頭日，一個人只要選定了目標，然後堅持不懈地往目標邁進，百折不撓，勝利一定會酬報有心人的。

羅森沃德本著這種精神，十分賣力地賺了幾百塊錢。

「我要當一個服裝店老闆。」這是羅森沃德的奮鬥目標。為了實現這個目標，他除了在工作中留心學習和注意動態外，還把全部的業餘時間用於學習商業知識，找有關的書刊閱讀。

到了一八八四年，他自認為有了經驗和小額本錢了，決定自己開設服裝店。可是，他的商店門可羅雀，生意極差，經營了一年多，把多年辛苦積蓄的一點點血汗錢全部賠光了，商店只好關門，羅森沃德垂頭喪氣地離開紐約，回伊利諾州去。

痛定思痛，羅森沃德反覆思考自己失敗的原因。最後，他找出了原因：服裝是人們的生活必需品，但又是一種裝飾品，它既要實用，又要新穎，這才能滿足各種用戶的需求。而自己經營的服裝店，沒有自己的特色，也沒有任何新意，再加上自己的商店未建立起商譽，根本沒有銷售的優勢，難怪注定失敗。

針對自己出師不利的原因，羅森沃德決心改進，他毫不氣餒，繼續學習和研究服裝的經營策略。他一邊到服裝設計學校去學習，一邊進行服裝市場考察，特別是對世界各國時裝進行專門研究。

幾年後，他對服裝設計很有心得，對市場行情也看得較清楚。於是，決定重整旗鼓，他硬著頭皮向朋友借了幾百美元，先在芝加哥開設一間只有十多平方公尺的服裝加工店。

他的服裝店除了展出他親自設計的新款服飾圖樣外，還可以根據顧客的需求，對已定型的成衣樣式做修改，甚至完全按顧客的需求重新設計。因為他的服裝設計款式多，新穎精美，再加上靈活經營，很快就受到客戶的歡迎，生意十分興隆。

兩年後，他把自己的服裝加工店擴大了數十倍，並把服裝店改為服裝公司，大量生產各種時裝。從此以後，他的營業額快速增加，品牌知名度和口碑也在市場流傳開來。

光明，總在黑暗之後

今天將要發生的事，我們都還不知道，何必為明天而煩惱。

——《塔木德》

人生如棋。

世事總是如此，看起來絕望的棋局，事實上總還有解救的辦法，就是說，當我們面臨任何絕境，永遠都還有一步好棋可以走，只要不放棄自己，懂得走了這一步，我們就可以贏。

生命的天平，常在希望和絕望之間擺動不定。只要不放棄希望，永遠就不會失去勝利的機會。

在第二次世界大戰的時候，德國佔領了東歐，對猶太人實施非人性的統治，目的就是把他們趕盡殺絕。

在某個小鎮上，有個猶太人家庭，一家五口為了躲避德軍，只好躲在一間倉庫的小閣樓上，吃喝全靠朋友們接濟。

每當納粹巡邏隊或者不懷好意的市民走近倉庫，他們就嚇得噤聲凝氣，一點聲音都不敢發出來。時間一長，他們完全學會了用動作來表達感情。

三個月後的一天，母親外出覓食未歸，關心他們的市民說：「你們的母親肯定是被德國人抓走了。」又過了兩個月，父親也一去不回。半年後，叔叔出門不久，孩子們就聽到一聲槍響。

三個大人相繼死去，尋找食物的重擔就落在了姊姊肩上，每當倉庫附近有風吹草動的聲音，姊姊就趕緊掩住弟弟的嘴。

過了一個月，姊姊也永遠回不來了。

從此以後，只要聽到外面有任何聲音，唯一生還的弟弟，只有掩住自己的嘴巴，不讓自己發出一點聲音。

這是一個猶太人經歷的悲慘童年的一幕，相信有過這種經歷的兒童，終身都不會忘記他們所遭受的痛苦和磨難。

他們的猶太教信條告訴他們：「只要不斷保持希望的燈火，就不怕黑暗的威脅。」他們每經歷一次暴風雨，天空就架起橋一般的美麗彩虹，這預示著不久的將來，會有希望到來，黑暗過去就是光明，這是他們存活下來的希望，無論環境多麼惡劣，他們都不會絕望，只要一息尚存，就要堅強活下去。

「人的眼睛是由黑白兩部分組成的，但為什麼只有黑眼的部分才能看見東西？」

那是因為人必須透過黑暗，才能看到光明。

人生也是從苦難和黑暗開始，最後才能到達幸福和光明的境地。不要害怕痛苦，因為，一個人只有痛苦到了極點，才能品嘗到甜美的果實。這些都是《塔木德》告訴他們的。

猶太人的意識裡面，永遠充滿了痛苦的觀念和深深的憂患，他們一生都是這樣，他們的思惟、他們的靈魂，都是從這樣的角度來對待和思考問題的。

當他們被生下來的時候，大家不是為他的降臨人世而高興，而是為他哭泣。猶太人的箴言是這樣解釋的：「孩子出生時，我們覺得高興；有人去世時，我們感到悲傷。其實應該反過來才對。因為孩子出生時，不知今後命運如何，而人死時，一切功過已蓋棺論定，他們的苦難也結束了。」

猶太的先知們認為人的一生分為六個階段：

一歲時是國王：家人圍繞著他，像服侍國王一樣侍奉他，把他照顧得無微不至。

六歲的時候是頭小豬：喜歡在泥巴裡面玩耍。

十五歲的時候是小羊：無憂無慮地歡笑、跳躍，享受人生的快樂和自在，從來不知道什麼叫痛苦。

結婚後是隻驢子：開始背負著家庭的重擔，咬著牙低頭，吃力地緩緩前進。

中年時是狗（有時比狗還不如）：為了養家餬口，不得不搖尾奉承，乞求他人的施捨。

年老時是猴：行為和孩童無異，卻沒有人去關心他了。

從這些比喻，我們可以看出，人的一生，猶太人認為苦難和不如意佔十之七八，幸福和快樂只佔人生命運的一部分。

既然這樣，也就不必懼怕痛苦以及人生的種種煩惱了，相反地，人生的痛苦和煩惱，反而是愈多愈好。

《塔木德》說：「有十個煩惱，比僅有一個煩惱好得多。」

因為，有十個煩惱的人，不會再害怕煩惱，而只擁有一個煩惱的人，就會整天很煩惱，因為他怕後面還會有更多的煩惱來找他，這種對未來的恐懼，是最折磨人的。

這就是猶太人的人生觀——痛苦才是人生的本質。猶太人的智慧，是很深遠的，他們直指生命的真面目，看透人生的本質是痛苦的，沒有經歷過痛苦的人則不算人；人生的大部分時間裡，都在受痛苦折磨，而快樂只是短暫且虛幻的，說穿了只是人的錯覺。

人在這個世界上，就是為了人生的某個目標而痛苦、努力地生活的，直到人死了，他的一生蓋棺論定了，人生任務算完成了，痛苦才算結束。這種人生是苦的觀念，一直被他們所深深信仰著。他們經歷了最慘絕人寰的屠殺，也經歷了到處被驅逐、壓迫和歧視的苦難。

不管他們走到哪裡，欺凌和侮辱就跟隨他們到哪裡。他們四處流浪、衣食沒有著落，也不知道有誰可以容納他們。經歷了這一切後，他們已經不怕任何苦難了，再大的苦難他們也覺得不苦，因為，他們深知經驗過無情苦難的折磨後，他們的生命力和抗壓力，已經超越一般人的水準了。

為了生存，他們想盡一切辦法；為了生存，他們受盡人間苦難；為了生存，世界上已經沒什麼事，是他們不能做的。

生命中出現鯰魚，是件好事

生命有限，時光荏苒，只有奮鬥不已，方能生生不息。

——《塔木德》

猶太人所遵奉的法則就是殘酷叢林法則，競爭意味著適者生存，優勝劣汰。我們是在和別人賽跑，也在和自己賽跑，我們能掌控的只有自己，時間永遠不停地向前，因此，在時間的追趕下，我們只能不停地向前奔跑。

古代有這樣一個著名的故事：

挪威的漁民出海去捕沙丁魚，他們將魚放入魚槽運回碼頭。若抵達碼頭時，如果魚仍然活著的話，就可賣很高的價錢，但是，沙丁魚卻很容易在抵達港口前就死掉，於是，他們千方百計地要讓魚活著回海港。

但是，除了一艘漁船外，其他漁船不論如何努力想讓沙丁魚活著，都宣告失敗。這個成功讓沙丁魚活下來的漁船船長，一直不公開他的祕密，直到他死了以後，人們去參觀他的魚槽，這個祕訣才被揭開：原來，沙丁魚槽裡不過是多了一條鯰魚而已。

為什麼放入一條鯰魚，就能讓沙丁魚活下去呢？

原來，鯰魚放進魚槽內，由於環境陌生，便會四處游動甚至到處引起騷動，而大量的沙丁魚發現多了一個「異形」入侵，自然就緊張起來，於是便不停地游動奮戰。這樣一來，沙丁魚就一條條活蹦亂跳地被運到了港口。

這就是「鯰魚效應」。這個故事告訴人們，只有不停地戰鬥，生命力才會源源不絕出現，只有不停地奮鬥，我們在最惡劣的環境中，才能處於不敗之地。

施特勞斯是著名的梅西百貨公司的創始人，也是二十世紀二、三〇年代全美首屈一指的富豪。然而，他最初不過是一個貧困家庭的孩子，他生於德國，後移居北美，由於貧困，他不得不在讀完初一後就輟學，當了雜貨店的童工。

他學歷不高，但深受猶太人傳統教育的影響，幼小的心靈已播下了為人生奮鬥的種子。他想藉著自己的努力與奮鬥，去開拓自己的事業，為了這個目標，他一刻也沒有停止過。

他十四歲時，白天在雜貨店幹活，晚上自修讀書。他勤奮聰明，做事也十分俐落，老闆很賞識他，慢慢地，他從打雜工人升為記帳員，又升為營業員，再升到營業部經理，直至最後當上了公司的總經理。這時，雖然有了可觀的收入，但他毫不滿足、鬆懈。接著，他利用自己的積蓄，開設了自己的小百貨店，取名為梅西百貨公司。由於自己的努力和經驗，加上成功的銷售策略，梅西百貨公司發展得很快速，幾年時光，便成為一個中等的百貨公司，且很有名氣。

但他仍不滿足於現有的成績，他決心將梅西辦成全美乃至世界一流的百貨公司。於是，他主動做市場調查，發現在北美這樣的市場，應該運用以顧客為導向的行銷策略。

另一方面，他要求公司的銷售人員要對公司的商品有相當的了解，真誠為顧客著想，必定要讓顧客感到滿意。同時，他也推出了「新品現場示範」、「時裝表演」各種打破傳統的促銷手法。

就這樣，施特勞斯的用心和不斷投入心力，終於為公司贏得了成功，打敗了同業。

在當時，梅西百貨公司的業績和信譽，遠遠領先於別的公司。正是在這種不斷進步的三十多年經營中，梅西百貨公司由小變大，最終成了世界一流的百貨公司。

施特勞斯的成功證明了一個道理：只有不停地奔跑，主動出擊，不斷探索，不斷前進的人才能贏得成功。若安於一時的快活而停下腳步，最後還是會成為別人的手下敗將，從市場中消失。

人就是這樣，只有在不斷努力中才不會失去鬥志。

有位著名的登山家接受記者訪問：「你已經是登山者中最成功的一位了，為何還要去登那座無人敢登的山？」

他淡淡地說：「因為，山就在那兒。」

的確，生命的意義就在於不停前進，向更高的山挑戰，不是為了別人，也不是為了掌聲，而是為了擁有人生的意義。

流下眼淚播種的，必歡呼收割

流下眼淚撒種的，必歡呼收割；
那流著眼淚走出去的，必要歡呼地回來。

——《塔木德》

《塔木德》中記載了這樣一個故事：

哈德良皇帝看見一個老人正在努力工作，種植無花果樹。他問老人：「你是否期望自己能夠享受果實？」

老人回答說：「如果我不能活到吃無花果的時候，我的孩子們將會吃到。又或許上帝會特赦我，讓我活久一點。」

「如果你能夠得到上帝特赦，而吃到結出的果實，」皇帝對他說：「那就請你告訴我。」

時光流逝，果樹竟然在老人有生之年結出了果實，老人裝了滿滿一籃子無花果來見皇帝。

他見到皇帝時說：「我就是你看過的那個種無花果樹的老人，這些無花果是我付出心血的成果。」

皇帝命他坐在金椅子上，並把他的籃子裝滿了黃金。這時，皇帝的僕人反對地說：「皇帝，您真的要給一個老猶太人那麼多獎賞嗎？」

皇帝說：「造物主給勤勞者榮譽，難道，我就不能做同樣的事情嗎？」

皇帝說得很對，對於勤勞的人，造物主總是給他最高的榮譽和獎賞，而那些懶惰的人，造物主不會給他們任何禮物。

他們在有生之年一無所獲，而他們的一生也必將是一事無成。他們所收穫的只有空虛的生活，和無盡的悔恨。

《塔木德》這樣勸告世人：「人生最可憐的是無所事事，最愉快的是為生活而忙碌。」猶太人崇尚工作，他們討厭整天清閒、無所事事、到處遊走。那樣才是他們覺得最難受的事情，而整天勤勉甚至緊張地工作才是他們喜歡的。

勤勉有兩種：一種是外力強迫的勤勉，另一種是自願的。

在猶太人的家庭裡，猶太人的父母會培養子女的這種自願性的勤勉，比如父母經常會給他們的小孩一份清單：「吉米拖地十五美分，收拾好床鋪十美分，清除花園的雜草二十美分。瑪麗插花十美分，洗碗十美分，收拾房間三十美分。」

而且告訴孩子們這就是他們的零用錢。要零用錢就必須自己好好地幹活，不然就不能得到他想要的零用錢，如果他想得到更多的零用錢，那他就只有在家裡做更多的事，而他們的父母不會隨便給他們錢的，目的就是鼓勵他們多做事。

猶太人父母這樣做的意圖很明顯，就是要孩子們知道只有努力付出，才可以得到收穫，而懶惰的人什麼也得不到。

電報業鉅子薩爾諾夫小的時候，家裡十分清貧，沒有機會讀書。讀小學的時候，就不得不利用放學時間及假日做工，掙點錢貼補家用。在當他小學快畢業時，父親又因為長年辛苦而積勞成疾，很早就去世了，他無法繼續學業，只好輟學當童工。

十五歲的他就開始步入了社會，並挑起了全家生活的重擔。他一邊賺取微薄的工資貼補家用，一邊開始自學。幾經周折後，他在一家郵電局找到一份送電報的工作。他工作異常辛苦，一天要送二十份電報，為了一份電報，有時候要跑上幾公里路。當他回到家裡的時候，已經是深夜兩、三點了，他又累又餓，幾乎不能再多走一步了，於是吃了一點飯他就趕緊睡覺，為了多送幾份電報，他又不得不在早晨五、六點的時候趕到電報大樓。

但他始終沒有忘記將來要做一番事業的願望。於是，他開始學習當時幾乎沒有幾個人懂的國際摩斯電碼操作法。他減少了每天送電報的時間，把時間擠出來學習。當時只有初中程度的他，要學習這樣先進的技術，是很難的，但由於他驚人的毅力，居然學會了這項高難度的技術，於是他被破格升為發電報的報務員。

此外，在公司的研究所，他也完成了電氣工程學專業，成為當時世界功率最強的電台——馬可尼無線電公司的收發報員。

在一九一二年四月，震驚世界的大型豪華客輪「鐵達尼」號遇難的時候，他是世界上第一個收到沉船情報的人。

他連續七十二個小時守在電報機旁，不間斷地收發資訊，長期的電報工作讓他敏銳地發現，無線電技術的市場化具有廣闊的前景，公司認為他具備了經理人的思惟，於是在他三十歲的那年，升任為無線電公司——這所超大型高科技公司的總經理。

他這樣卓越的成績，在當時是絕無僅有的。這些都要完全歸功於他那種頑強堅韌的工作態度帶給他的好運。

實際上，所有人要想獲得成功，都必須比別人付出更多的血汗，否則是很難成功的。

猶太大亨洛克菲勒工作異常勤奮，他常常一天工作十五、六個小時，有的時候，甚至一天工作十八、九個小時，他平均每週工作七十六個小時，經常是別人下班了，他還在工作。

他說，如果沒有企圖心和理想，那一天工作八個小時就可以了，可是，你如果真的想開創事業，那麼，人家下班的時候，正是你工作的開始。

別人問他怎麼能一天工作二十個小時？他卻說：「一天工作二十個小時怎麼夠呢？我需要一天工作四十八個小時。」

人們看到他的時候，他總是在忙於工作，於是人們說洛克菲勒只是睡覺和吃飯的時候不談工作。這位世界的大富翁，就是這樣勤奮地工作，才擁有凡人無法想像的成功事業。

你可以掌握自己的命運

我們無法左右命運，但也不要被命運所左右。

——《塔木德》

如何掌握自己的命運，是每個猶太人都在思考和關心的問題。長期的流浪和居無定所，加上始料不及的歧視和壓迫，使他們在艱苦惡劣的環境中，樹立了一種獨立的生命意識。

猶太人從小時候就被灌輸要有獨立自救的意識，以期能在未來的坎坷人生路上應付各種突發狀況。這種獨立意識的培養，主要來自於父母對孩子灌輸的教育：只能相信自己，不要相信別人，任何人都不可靠。

每個人在童年時都有一顆純潔的心，他們並不知道世界的現實面，只覺得世界很美好。他們不僅相信自己，而且信任周圍所有的人。如此天真單純的人，是無法應付複雜且殘酷的現實社會的。

由於猶太人生來就處於逆境之中，生存的環境對他們來說真可謂是充滿荊棘。要適應這個環境，首先就必須懂得怎樣對待自己和他人。因此，猶太人教育自己的孩子要相信自己，除了自己以外，任何人都是信不得的。

為了達到讓孩子們不信任別人的目的，父母時常擔任壞角色，不斷地騙自己的孩子，同時讓孩子清楚地意識到自己的雙親在騙自己。每次上當受騙，都使孩子們意識到，雙親是信不得的，自己至親的人都信不得，還能去相信誰呢？

下面這一則小故事很能說明這個問題：

三歲的邁克，有一天在客廳裡和姊姊玩遊戲。當他們玩得正高興的時候，父親抱住小邁克，把他放在壁櫥的上面，並伸出雙手做出接住他的樣子。

邁克因為父親參加他們的遊戲而感到十分高興，他望著父親，毫不猶豫地往下跳。在跳下來的瞬間，父親卻縮回雙手，邁克重重地摔在地板上，大哭起來。

他向坐在沙發上的媽媽求救，可是，媽媽卻若無其事地坐著，並不去扶他，而是微笑地說：「好壞的爸爸，誰叫你相信他？」

父親則在一旁站著，用嘲弄的眼光望著可憐的邁克。

這種只相信自己的習慣，是孩子們獨立意識形成的基礎，它使猶太小孩從小便有獨立生活的意識。他們相信，只有自己才能養活自己，靠別人來生活絕對是天真的幻想。因此，他們在任何條件下，都能頑強地生存下去。他們憑藉的是自己的能力，再加上強烈的生存意識，他們當然能找到賺錢的好辦法，去解決自己的生活問題和人生困境。

這種「唯我可信」的意識，也使他們在處理所有事務時，總是很小心謹慎，認真思考後再做出抉擇，所以，猶太人很少上當受騙，詐騙集團也很少騙倒猶太人。

這種培養孩子獨立意識的做法，在我們看來雖有些殘酷，但絕對是理智且必要的。它正是猶太民族長期流亡，卻又能凝聚民族意識的一個重要原因。

企業經營者是掌握自己和公司命運的關鍵人物，也應具備這種只相信自己的生存法則。這種意識構成了猶太商人自我保護的防護膜，使他們從不掉入別人的商業陷阱。

世間沒有不能成功的事，只有不願成功的人，人們都渴望成功，卻都無法承受所要付出的代價。傑出的人物之所以能成功，其中一個重要的原因，就是他們都能自強不息，並且具有必勝的信念。

生活中總有許多人抱怨自己沒好運氣，從此自暴自棄，但實際上每個人都有成功的潛質，正如拿破崙所言：「世上沒有廢物，只是放錯了地方。」

因此，只要選對一條適合自己的路，堅持下去，自強不息，就一定能成功。

巴拉尼是個猶太人的兒子，年幼時患了骨結核病，由於家境不富裕，無法醫治好，他的膝關節永久性地僵硬了。

但是，他沒有因此而喪失生活的信心，相反地，卻增加了生存下去和創大業的決心。

他立志學醫，歷盡艱苦，終於學有所成。

他對醫學研究精深，特別對耳科病症有獨到的研究。他一生發表了一八四篇醫學研究論文和兩本很有研究價值的論著《半規管的生理學與病理學》、《前庭器的機能試驗》。

由於研究成果卓著，他獲得了所在國奧地利皇家授予的爵位，並於一九一四年獲得諾貝爾生理學及醫學獎。

讓我們再從以色列看看猶太人自強不息的精神，這個國家中猶太民族佔主導地位，猶太人佔全國人口的八十三％以上。歷盡人間滄桑的猶太人，於一九四八年才在亞洲西部、地中海東岸約兩萬平方公里面積上建立起以色列國，這是一個自然條件非常惡劣的國家。全國國土有八〇％至九〇％是沙漠和荒丘，幾乎全是不毛之地，全國資源貧乏，淡水奇缺。

以色列的猶太人自強不息，靠其民族的頑強意識和智慧，經過四十多年的建國創業，使這塊土地出現了舉世聞名的奇蹟。

不毛之地長出了豐碩的農作物，農業不僅使以色列國民自給自足，而且還成為該國出口賺取外匯的重要項目。他們把荒丘和沙漠開發成良田，一九四九年到一九八四年間，共改造和開發出二七·二萬公頃可耕土地。由於缺少農業用水，他們便採用遠地引水技術和滴灌技術，開源節流，不但解決了用水問題，還成了世界農業用水技術的榜樣和先驅。

今天，以色列人口是建國初期的八倍多，該國的農業產量，卻比建國初期增長了十六倍多。以色列不但在農業方面得到了驚人成就，工業和其他行業同樣也取得了顯著發展，現在，以色列的國民生產總值已超過一萬美元，躋身世界經濟先進國家的行列。

人的生命雖然各有長短，有人長命百歲，有人殞於壯年，但不管怎樣，每個人都有其寶貴的一生。這一生，每個人只有一次。因此，人必須珍惜自己難得的一生，在有限的人生中，用智慧和意志實現自己的願望，如此人生才了無遺憾。

猶太人大衛·布朗是英國的一位商人，他的發跡過程，就是他實現人生目標的過程。

他出生於一九〇四年，父親經營一間小型齒輪製造廠，幾十年一直慘澹經營，僅可以賺取一點生活費。布朗的父親是一個頭腦清醒的人，他知道自己已沒有成功的機會，於是把希望寄託在兒子身上。因此，他嚴格要求布朗勤於學習和讀書，每逢假日，就規定他到自己的齒輪廠上班，與工人們一樣艱苦地工作，絕無特權。

布朗在家庭的教育下，長時間在工廠裡工作和生活，養成了艱苦奮鬥的精神，熟悉了工業技術，實現了自己的人生奮鬥目標。布朗自己的奮鬥目標，不在於齒輪廠方面，而是利用自己在齒輪業務上積累的經驗，往賽車生產這個目標前進。

他長期觀察發現，當代人對汽車使用已經普及，他預感汽車大賽將會成為人們的一種流行娛樂。他克服了重重困難，成立了大衛・布朗公司，聘請專家和技術人員研發設計，並採用先進技術設備進行生產。

一九四八年，在比利時舉辦的國際汽車大賽中，布朗生產的「馬丁」牌賽車一舉奪魁，大衛・布朗公司也因此名聲大噪，訂單如雪片般飛來，布朗從此走上成功之路。

猶太人不管是從商從政或從事科學研究，都首重人生目標的設定，唯有先確立目標，才能全力以赴而終至成功。

超越別人，不如超越自己

超越別人的人，不能算真正的成功；
超越自己，才是真正的成功。
——《塔木德》

在中國，道家哲人老子曾說：「知人者智，自知者明。」征服別人沒有什麼了不起，真正的成功者，應該是征服自己的高手。

在猶太人看來，如果能超越自己，總有一天就能超越別人。我們每個人其實都有兩個生命，一個是父母給我們的血肉之軀；而另一個則是我們自己生命的意志；這個生命的意志，就是幻變無常，恆久綿延的創造力。我們若要掌握人生，就要先掌握內在的動力，這個動力就是超越自我的創造力。

那麼，如何超越自我呢？就是要打破現有的狀態，敢於向未知的領域挺進。

猶太裔科學家愛因斯坦說過：「人必須經常思考新事物，否則就會變成和機器一樣。」

看報紙、看電視最容易養成習慣，每天總有大量的新聞和無聊的電視劇，充斥著我們的生活。如果我們的腦子，被這些瑣碎無意義的訊息塞爆了，就等於是行屍走肉，在浪費生命，而不是在享受生命。我們還來不及工作和成就事業，時間就已悄然流逝了。毫無疑問，這樣的人生是個平庸的人生，更無所謂「自我超越」了。

人是很容易有惰性的，我們總是在不經意間，習慣了現有的生活。例如，朝九晚五、一成不變地上班，下班了就躺在電視機前，看電視看到睡著，隔天一樣匆匆忙忙趕著上班，日復一日。這樣的生活，如果你仍不覺得無聊或空虛的話，那你真的就是「活死人」了。

我們是否問過自己：「我一輩子就這樣活下去嗎？難道這就是我的人生嗎？」我相信自甘平庸的人是極少數，但是麻木於現有的生活，屈從於自己的舊習性的人卻大有人在。

如果我們觀察那些令人羨慕的成功人士，去探索他們傳奇的人生，就會看到：他們都是在向自己挑戰、向別人說「不」的人生勇者。

讓我們再來看看羅斯查爾德的金融世家。

這個威震世界、影響歐洲政治、經濟兩百多年的家族，是從一個叫邁耶・羅斯查爾德的窮光蛋開始的。

邁耶生於一七四四年德國法蘭克福一個髒亂不堪的猶太人社區，他在狂亂的反猶浪潮中度過了童年。照常理，像他這樣的猶太人，能找到一個安穩工作、過著衣食無憂的生活，就很不錯了。

但是，邁耶從來沒有忘記他是上帝的「特選子民」，他相信只要自己不斷努力，就能不斷超越自己。他最早從父親那裡繼承了衣缽，從事古錢幣的買賣。

經過二十年的苦心經營，他經營的古錢幣激發了人們的興趣，他也開始了邁向富翁的道路。

然而，他沒有在自己習慣的這條發財路上一直走下去，當法蘭克福有一家小銀行要出讓時，邁耶和他的五個兒子為之心動，他們用所有的財產，大膽承接了這家萊茵河畔的小型銀行。

在法國大革命和拿破崙戰爭時期，邁耶父子抓住戰亂的機遇，大力拓展銀行業務，並又拓展了對戰略物資的經營。邁耶經過精心安排，決心和長子阿姆謝爾坐鎮法蘭克福總部，派三子內森到倫敦開設分行，五子詹姆士到法國巴黎開展生意，二子薩洛蒙到奧地利維也納建立家族銀行，四子卡爾到義大利那不勒斯開設辦事處。

就這樣，羅斯查爾德家族完成了跨國經營的創舉，這一跨越，無疑是他們超越現有經營方式的非凡策略。此時，他們便可以利用當地經營銀行的便利，向交戰國的王公貴族，提供戰時急需的物資和貸款，從中獲取高額的利息和利潤。

戰後，他們又廣泛涉足有價證券、政府公債、保險等領域，並大力投資採礦、鐵路等部門。可以說，羅斯查爾德家族對歐洲工業革命有著很大的推動作用。當然，他們的財富也與日俱增，甚至左右著歐洲幾個主要國家的經濟命脈。

羅斯查爾德家族的第二代、第三代，乃至第四代，至今仍一直恪守艱苦創業的精神。儘管有殷實的家底和顯赫的家世，但後代從不滿足於現狀，從不沉溺於已有的富貴榮華。相反地，他們總在超越現狀，超越自我，重新走向其他國家去開拓新的事業。

應該說，正是這種不斷自我超越，不斷追求上進的精神，成就了羅斯查爾德家族兩百多年的輝煌。

食品大王也是好萊塢影星的保羅・紐曼，他的故事更能說明猶太人如何打破舊有的生活狀態。

保羅・紐曼是著名的影星，有傑出的表演才能和先天的強健體魄，他是銀幕上的男性偶像，主演了許多影片，如《上帝喜歡我》、《漫長的夏日》、《在陽台上》、《騙》等，都得到廣大觀眾的好評。

他曾五次被提名為奧斯卡金像獎最佳男主角，到他六十歲時，榮膺奧斯卡最佳男主角，圓了自己四十年的夢。此外，他還是出色的導演。他在電影上的成就，為他贏得了聲譽和財富，成了一位富有的藝術家。

保羅·紐曼是出生在美國的猶太人，他的父親是一位小商人，母親喜歡音樂、藝術。紐曼大學畢業後，留在父親的商店工作。本來他做一個猶太商人，也可以成功，可是他不滿足於日復一日的平淡生活。於是，在不解和懷疑的目光中，他毅然賣掉了雜貨店，把資金投到了演藝界。

他因在《金錢本色》中的成功表演而獲奧斯卡獎。保羅·紐曼從商人轉型成藝人，使其在新的領域贏得了更大的成功，也開掘了自己在表演上的天賦。

但是，保羅·紐曼的自我超越永遠沒有完結篇。在某個偶然的機會中，使他接觸到了一種新的食品。這種新玩意是拌麵條用的醬汁，味道非常好，曾經是商人的紐曼，看到了其中蘊藏的商機，於是他與朋友合作，投資數十萬美元開發這種食品，並成立了保羅·紐曼食品公司。

就這樣，他又開始了從藝人成功轉型為企業家。最後，他被譽為世界的「食品大王」。

【第四章】智慧是搶不走的財富

【第四章】智慧是搶不走的財富

美國聯邦政府有一年重新修建自由女神像，因為拆除舊神像造成大堆廢料，為了清除廢料，聯邦政府向社會公開招標，希望有人來承包清運這些廢料。好幾個月過去了，都沒人投標。因為在紐約，垃圾處理有嚴格的規定，稍有不慎就會受到環保組織起訴。

猶太人麥考爾聽到這個消息，立即飛往紐約。看到自由女神像下堆積如山的銅塊、螺絲和木料後，他立刻與政府部門簽下了承包合約。消息傳開後，紐約許多運輸公司都在偷笑，他的許多同事也認為廢料回收，是一件吃力不討好的事情，況且能回收的資源價值也實在有限，這舉動實在太愚蠢。

當大家都在看他笑話的時候，他已開始工作了，他召集一批工人，叫他們把廢料進行分類，然後把廢銅熔化，鑄成小自由女神像；舊木料加工後做成小女神像的底座；廢銅、廢鋁的邊角料做成紐約廣場的紀念鑰匙；甚至把從自由女神身上掃下的灰塵，都被他包裝了起來，賣給了花店。

不到三個月的時間，他讓這堆廢料變成了三百五十萬美元。他甚至把一磅銅賣到了三千五百美元，每磅銅的價格整整翻了一萬倍。就這樣，他搖身一變成為麥考爾公司的董事長。

擁有富人的氣質

想變得富有，你就必須向富人學習。
就算在富人堆裡站上一會兒也好，至少會沾到富人的氣息。

——《塔木德》

如果你經常接觸富人，就有機會當富人。

擁有一個富人的思惟，向富有的人學習他們的經驗，和他們相處，你會得到很多啟示和發財的機會；而如果你在窮人堆裡，你除了學會怎樣節儉之外，是什麼都得不到的。

窮人的窮，不僅僅是因為他們沒有錢，而是他們根本就缺乏一個賺錢的頭腦。富人的富有，也不僅僅因為他們手裡擁有大量的現金，而是他們擁有一個賺錢的頭腦。

有這樣一個故事，說的就是財富和頭腦的關係：

有一個百萬富翁和一個窮人在一起，那個窮人見富人生活是那麼舒適愜意，於是窮人對富人說：「我願意在您府上為您幹活三年，我不要一分錢，但是你要讓我吃飽飯，並且有地方讓我睡覺。」

富人覺得這真是少有的好事，立即答應了這個窮人的請求。三年期滿後，窮人離開了富人的家，從此不知去向。

十年又過去了，昔日的那個窮人，竟然已經變得非常富有，以前的那個富人和他相比之下，反而顯得很寒酸。於是富人向昔日的窮人要求：願意出十萬塊錢，買下他變成這麼富有的祕訣。

昔日的那個窮人聽了哈哈大笑說：「過去我是用從你那兒學到的經驗賺錢，而今天你又用錢買我經驗，真是好玩啊！」

原來那個窮人用了三年時間，學到了如何致富的祕訣。於是他賺到了很多錢，變得比那個富人還有錢，那個富人也明白了這個窮人比他富有的原因，這是因為窮人的經驗，已經比他多了。為了讓自己擁有更多的財富，他只好掏錢購買原來那個窮人的經驗。

要想富有，就必須向富人學習。只有先去學習，你才會得到他們擁有財富的祕訣。

猶太人特奧的母親不幸辭世，給他和哥哥卡爾留下的是一個可憐的雜貨店。微薄的資金、簡陋的小店，靠著出售一些罐頭和汽水之類的食品，一年節儉經營下來，收入微乎其微。

他們不甘於這種窮困的狀況，一直探索發財的機會，有一天卡爾問弟弟：「為什麼同樣的商店，有的人賺錢，有的人賠錢呢？」

特奧回答說：「我覺得是經營有問題，如果經營得好，小本生意也可以賺錢。」

「可是經營的訣竅在哪裡呢？」

於是他們決定到處看看，有一天，他們來到一家便利商店，奇怪的是，這家店鋪顧客盈門，生意非常好。

這引起了兄弟兩人的注意，他們走到商店的旁邊，看到門外有一張醒目的紅色告示寫道：「凡來本店購物的顧客，請把發票保存起來，年終可憑發票免費換領發票金額三％的免費商品。」

他們把這份告示看了幾遍後，終於明白這家店鋪生意興隆的原因了。原來顧客就是要貪圖那年終三％的免費購物，他們一下子興奮了起來。

他們回到自己的店鋪，立即貼上了醒目的告示：「本店從即日起，全部商品降價三％，並保證我們的商品是全市最低價，如有買貴，可到本店找回差價，並有獎勵。」

原來他們不僅借用了那個商品免費三％的做法，還提出了全面商品降價三％，自然他們的店鋪很快就門庭若市，生意長紅，顧客川流不息。

就這樣，他們的阿爾迪商店出現了購物狂潮，他們趁勝追擊，阿爾迪商店在這座城市連開了十幾家門市，佔據了幾條主要的街道。從此，憑藉這「偷」來的經營祕訣，他們兄弟的店迅速擴充，南到阿爾卑斯山，北到弗倫斯堡，到處都看得到密密麻麻的「阿爾迪連鎖商店」。

由此可見，當初他們若沒有學習別人的創意，並加以運用發揮，阿爾迪商店是不會發展這麼快的。

財富是靠腦袋賺取的，猶太人說：「你的價值就在腦袋，而不是手腳。」他們是怎樣做的，他們就是依靠腦袋發財的，而其他民族的人則是靠手。猶太人在經商的時候顯得很輕鬆，他們其實都是鴨子划水，表面泰然自若，心裡卻在思考問題。

「鈔票有的是，遺憾的是你的口袋太小了。」

這是猶太人普遍的想法。如果你的思惟夠開闊，那你的錢包就會愈來愈大了。

這就是猶太人的經商原則：要成為成功的商人，他的任務就是，想辦法訂好一套標準作業程序，剩下的事情就讓別人去按表操課，自己等著賺錢就可以了。

《塔木德》記載了這樣的一個故事：

有位國王擁有一大片葡萄園，雇了許多工人來照顧，其中有一位工人能力特別強，技藝超群，也有領導能力，於是國王就讓他來管理這片園子。

有一天，這位國王來到葡萄園散步，就讓他陪同。這天工作完後，工人們排起長隊領取工資，所有人的工資都相同，但是當這位看管園子的人領取工資的時候，卻遭到了大家的抗議和不滿。他們認為這位工人只做了兩個小時的事，其他的時間都在陪國王到處閒逛，所以不應該領取與別人一樣多的工資。

這時，國王說話了：「我派他來，是因為他熟悉你們的工作，來看管你們。今天他雖然只做了兩個小時的工，但是他走的時候，你們仍然按照他給你們的指令完成了任務，他的能力強，所以兩個小時就做完了他一天的工作，所以他的工資和以前一樣，這沒有什麼不對啊！」

因此，工作成就不能以工作時間的長短來計算，也不是根據他做了多少工來看，而應該以他工作所獲得的效益的多少來計算。因此，想辦法提高你的工作效率，才是真正聰明的賺錢策略。

猶太人在早期就已經這樣做了。

一九一〇年，大量的猶太人進入北美，開始的時候，他們和一起來的英國人、西班牙人、葡萄牙人，同樣都是做最基層的粗活。

他們每十個人裡就有八個是勞動工人，但是不久他們就都不做了，這是為什麼呢？因為，對於猶太人來說，他們一開始從事這些出賣體力的職業，是由於遭受歧視，缺乏工作機會才不得不這麼做，但當他們有了基本的生存保證，就不再這樣做了。

因為，這些工作的報酬低微，且付出的心力又很多，工作還很不穩定，尤其是這些工作會降低人的身分，讓人沒有成就感，這是不符合猶太人的理念的。

於是，他們憑著自己良好的教育，積極地去找那些比較體面、薪水報酬高、工作也有前瞻性、有油水可撈的工作。

過了幾十年，他們中有不少人已成為百萬富翁。著名的羅斯查爾德家族，就是從這個時候開始聞名的。到了後來，每十個猶太人裡，就只剩一個是藍領工人了，其他人都已成為有產階級。

這就是兩種不同的觀念造成的不同命運：前者依靠自己的智慧變得富有，後者則依舊靠出賣體力來生活，他們的一生也只能繼承他們祖先悲慘的被奴役的生活。

賺錢靠智慧，不是靠學歷

寧可變賣所有的財產，也要把女兒嫁給學者。
為了娶得學者的女兒，就是喪失一切也無所謂。

——《塔木德》

對知識的無限渴望，將知識視作財富，或許是猶太民族成為世界優秀民族的重要原因。知識固然是劫不走的財富，但它畢竟不是真正的、實實在在的財富，要將知識轉化為實實在在的財富，就要靠智慧，智慧就是運用知識的能力。

知識是後天習得的，而智慧更是在潛移默化中才能累積。一個人或許學識淵博，但，他不一定是智者。

就像一個古代的智者，他懂得的知識肯定不多，但他是智者，而我們不是。猶太民族很懂得智慧與知識的區別。在他們看來，只有能夠創造財富的人，才真正擁有智慧，也就是說，能夠運用在世間讓人賺錢的智慧，才是真智慧。

如果你是個擁有碩士、博士學位的人，可是你卻不能用你學到的知識去賺錢，那你頂多就是個學富五車的學者，而不是智者。相反地，如果你是個窮光蛋，也沒有讀過什麼書，但你能夠靠自己的本事成為富翁，猶太人肯定會對你佩服得五體投地，因為他們認為你真正擁有了賺錢的智慧。

許多人擁有智慧，但是他們的智慧都沒有用來創造價值，所以他們始終是十分貧困的。學者應該運用自己的知識來獲得智慧，而且應該學習那些真正的智慧——可以賺錢的智慧。

智慧可以分為「死的」智慧和「活的」智慧，而死的智慧是沒有用的假智慧，只能充充門面，做個樣子罷了。

世界上每個民族的人都很聰明，但是只有猶太人是最懂得運用智慧的，因為他們知道怎樣把自己腦中的智慧，變成他們手中的金錢，這就是猶太人過人之處。

猶太人常說：「工藝家比宗教家更值得尊敬。」

因為宗教家雖然有知識，但是他的知識沒有運用出來，這樣的知識等於沒有知識；而工藝家雖然知識不多，但是他們把自己僅有的一點知識完全應用出來，這樣他的智慧雖然少，但卻是有用的，所以更值得尊敬。

所以，他們認為如果知識沒有實踐出來，知識沒有轉化為金錢，也是沒有價值的。

猶太人對待那些整天只知道學習的人的看法是：「有些人過度鑽研學問，以至於無暇了解真相。」他們甚至這樣看待死讀書的人：「學者中也有類似驢馬之人，他們只會搬運書本。」

在學者中，也有人被比喻成一隻載運昂貴絲綢的駱駝，但駱駝與昂貴的絲綢是毫不相干的。

如此說來，他們只是書籍的搬運工而已，根本不算是有知識的人，真正有知識的人，就應該把自己所學的知識運用出來，在實際的生活中，創造出他所能創造的價值。

《塔木德》說：「智慧勝過勇氣，然而貧窮人的智慧被人藐視，他的話也沒人想聽。」到了這個地步，智慧只有深深地埋藏了，不能有力地展現它應有的價值。

猶太人有則笑話，談的是智慧與財富的關係。

從前，有兩位拉比在交談：

「智慧與金錢，哪一樣比較重要？」

「當然是智慧重要。」

「既然如此，有智慧的人為何要幫富人做事呢？而富人卻不替有智慧的人做事？大家都看到，學者、哲學家老是在討好富人，而富人卻對有智慧的人擺出狂態。」

「這很簡單。有智慧的人知道金錢的價值，而富人卻不知道智慧的重要。」

在這個故事裡，拉比認識到金錢的價值。他說的很對，有智慧的人應該知道金錢的價值，不應該和金錢脫節。沒有金錢的智慧是沒有用的智慧，簡直沒有什麼價值。只有讓智慧和金錢結合，智慧的價值才能在現實世界中顯露出來。

曾經有位叫阿巴的外科醫生非常著名，他給人看病是要收費的。當時人們的觀念是：醫生是救死扶傷的天使，收費是不應該的。那時的醫生們，只能在大街上擺上一個箱子，向路人募捐。然而阿巴卻定出價目表，公然向病患收費，人們紛紛指責這位名醫，但是阿巴告訴他們：「不收費的醫生，是不值錢的醫生。」

智慧是別人搶不走的財富

即使是敵人，當他向你借書的時候，你也要借給他，否則，你便是書本的敵人。

——《塔木德》

猶太民族是「愛看書的民族」，這個民族對書的崇拜，對知識的渴望和學習，已經不是一般求知好學的人可以相比的，他們已經達到了宗教一般的狂熱和崇拜。

對於他們來說，書就是他們一切智慧的根源，也是創造財富的根本。

《塔木德》這樣說：「把書本當作你的朋友，把書架當作你的庭院，你應該為書本的智慧而驕傲，採其果實，摘其花朵。」他們把這樣的箴言一代代地傳給後世子孫，告訴他們一定要勤奮讀書。

在傳統的猶太家庭裡，有一個世代相傳的規定：「書櫥只可放在床頭，不可放在床尾。」這樣的規定就是告誡自己民族的人，書是神聖的，不能對書本有所不敬。在猶太人的社區裡，常常會有這樣的事情，如果一個人在旅途中，發現了老家未曾見過的書，他一定會買下這本書，帶回去和故鄉的人分享。外來的書籍和知識是別人智慧的結晶，應該拿來學習和利用。

猶太人還有這樣的規定：「生活困苦之餘，不得不變賣物品以度日，如果真要變賣，你應該先賣金子、寶石、房子和土地，到了最後一刻，真不得已的時候，才可以賣書。」

為何他們有這樣的想法？猶太人是這樣解釋的：世間的一切金銀珠寶、房屋、土地都是無常的，而知識則是可以長久流傳的財富，因此，無論在什麼時候，都不可以放棄書本。

猶太人認為，人們可以有各種仇恨和恩怨，然而知識是沒有邊界的，它是屬於全人類的，不能因為我們的偏見，而影響智慧和真理的存在。為了維護書籍的傳承性，並且把它真正地給所有熱愛它的人們，在一七三六年的時候，拉脫維亞的猶太社區通過了一項法律，該法規定：當有人向你借書的時候，如果你不把書借給他人，就要被重金處罰。

因此，猶太人有學者比國王偉大的說法。在猶太人的觀念裡，猶太教的拉比要比父親更值得尊敬，因為，拉比是整個社區最有智慧的人，所有的人都應該聽從這位智慧和學識都很高的教師的教導。如果一個猶太人在為自己的女兒選擇夫婿的時候，他也無疑會選擇一個有良好教育的青年，而不會選擇一個有錢的青年。

猶太人就是這樣的民族，尊重知識，追求真理，並深信知識是每個人一生中最需要的東西。知識是最偉大的，在它面前，俗世裡的所有統治者都要讓位。

這個觀念在猶太人的國家——以色列，得到了很好的印證。以色列建國之後，著名的猶太科學家愛因斯坦，由於他在科學上的卓越貢獻，得到世界和以色列人民的愛戴。以色列人民向他發出了邀請，請求他來做以色列國家的總統，但是他們的好意被已經決心獻身科學的愛因斯坦拒絕了，愛因斯坦拒絕自己民族的人們賦予他的這個世俗的榮耀。

許多其他民族的人都覺得不能理解，總統是那樣地尊貴，科學家怎麼可以享受這樣的待遇呢？但是對於猶太人來說，卻絲毫也不覺得奇怪，在他們的眼中，有知識的人是最聰明的人，他們掌握著宇宙的真理，如果能讓他們來統治國家，一定是這個國家的幸運和人們的福氣。

這在人類歷史上，是第一次人民邀請科學家來做國家最高元首，這可以看出他們對知識的熱愛和崇拜，已達到了狂熱的程度。

猶太人小的時候，他們的母親都會問：「假如有一天，你的房子被火燒了，你的財產也被搶光了，你會帶著什麼逃跑呢？」

如果猶太孩子們回答是「錢」或者是「鑽石」的話，他們的母親就會進一步問：「有沒有一種東西，比鑽石更重要，它沒有形狀、沒有顏色、沒有氣味，你們知道是什麼嗎？」

孩子回答不上來，母親就會說：「孩子，你們帶走的東西，不應該是錢，不應該是鑽石，而應該是知識。因為，知識是任何人也搶不走的，只要你還活著，知識就永遠跟著你，無論你逃到什麼地方，都不會失去它，別人也搶不走。」

猶太人的父母就是這樣告訴他們的孩子，知識是一切財富的來源，是唯一可以永久打開財富之門的金鑰匙。猶太人的歷史再次驗證了知識的價值，與其把那些有限的財富交給他們，不如把可以永遠打開財富之門的金鑰匙——「知識」給他。

《塔木德》記載了這樣的一個故事：

有一次，一艘大船出海航行，船上的乘客除了一位拉比外，全是商場大亨。

大亨們閒來無事，就互相炫耀自己的財富。當他們正爭得面紅耳赤時，拉比插話了：「我覺得還是我最富有，只是我現在的財富無法拿給你們看而已。」

這些大亨聽了都覺得莫名其妙。

後來，海盜襲擊了這艘船，大亨們的金銀財寶全被搶劫一空。等海盜們離去後，這艘船好不容易抵達了一個港口，但已沒有糧食繼續航行，只好停留在當地。

這位拉比因其淵博的學識，很快受到當地居民的尊重，並被聘為學校的教師。後來，這位拉比偶然遇到曾經同船旅行的大亨。這時，他們已身無分文，也沒有豐富的知識，只能去做粗重的工作。

這時，那些大亨們才深有體會地說：「只有知識才是奪不走的財富啊！」

事實上，所有的猶太人都知道這個道理。因此，猶太人就特別重視教育，為了讓自己的後代都熱愛學習，在他們小的時候，想盡辦法讓孩子們養成讀書和思考的習慣。

猶太教的托拉是這樣說的：「愈學《塔木德》，生命愈久長……精通《塔木德》的人，就可以在來世獲得永生。」

他還說：「研習《塔木德》的人值得受到尊敬。他會被稱為一個朋友、一個可敬的人、一個崇敬上帝的人；他將變得溫順謙恭，變得公正、虔誠、正直、富有信仰。他將能遠離罪惡、接近美德。透過他，世界就有了智慧、忠告、理性和力量。」

在今天，世俗的教育已取代了過去的宗教薰陶。熱愛知識的猶太人迫不及待投入現代的教育。

在猶太人聚集的北美，免費的公共教育制度，把大批的猶太人召進學校大門，這對猶太人來說，是他們最大的福祉，北美給他們的最大恩惠，莫過於開放性的教育制度，因為這種制度，截然不同於歐洲的那種國家主導的、具有宗教導向的學校體制，在這些地方，猶太人往往是被排斥在學校之外的。

而他們的父母，則會竭盡全力使他們的子女完成學業。猶太人讓父親出去賺錢，母親留在家裡照顧孩子，以確保他們的孩子能夠上學。為了子女們的教育，家長們真是想盡一切辦法，也要保證讓自己的孩子不落後於其他孩子。

對於一個猶太家庭來說，如果他們的子女能夠得到博士學位，這就是給父母最大的榮耀了，這個家庭也將成為大家爭相學習和效法的典範。

正因為猶太人是如此重視教育，因此大多數猶太人都得到了良好的教育。美國的猶太人中有八四％的人念過四年高中，有三二％的成年人受過高等教育。

美國的一項調查顯示，猶太人平均接受過十四年的學校教育，而非猶太人的白人平均只受過一一．五年教育。對於任何一個時代來說，教育都是邁向成功的途徑。

今天的社會，教育程度和收入更是有直接關聯。據統計，一個高中畢業生一生大約要比一個初中畢業生多賺十萬美元，一個大學畢業生要比一個高中畢業生多賺二十五萬美元。

一位分析家這樣說道：「猶太人家庭是學問受到高度評價的地方，在這方面，非猶太人的家庭則相形見絀。就是這個因素構成了其他一切差異的基礎。」

早在十一世紀時，猶太民族就幾乎消滅了文盲，人人都能閱讀識字。在當時歐洲的基督教徒中，絕大多數人卻是文盲。

儘管猶太人的學習只局限於狹窄的宗教內容，但是當歷史進入近現代以後，猶太民族樂於學習、善於學習、崇尚知識的巨大優勢，立刻展現了出來，他們迅速地適應和接受了現代世俗教育，在文化科學領域裡迅速走到了別人的前頭，因此，在近現代，猶太民族人才輩出，群星璀璨，出現了一大批科學家、許多的諾貝爾獎獲得者和各行各業的傑出人物。

猶太人創立的國家以色列，更能說明這個問題，以色列經濟繁榮最重要的一個祕密，就是擁有大量高素質的人才。崇尚知識，重視教育，是猶太民族的一個重要傳統。

以色列歷屆政府都對教育保持著高度投入，多年來一直不低於國民生產總值的八％，這一比例高於許多已開發國家。

另外，散居在世界各地的猶太人，都捐款資助以色列發展教育。如果讓這些世界各地的猶太人出錢幫以色列買武器打仗，他們可能還有些猶豫，但如果要他們資助以色列發展教育，他們大多樂意慷慨解囊。

猶太人重視教育這一優良的傳統，在以色列發揚光大，造就了大批高素質的傑出人才。除了發展自己的民族教育，濃厚的學術氛圍也給以色列引來了大量優秀的人才。

猶太人幾乎百分之百都受過教育，他們是一支高素質的現代大軍。以色列每一萬人中的在校大學生人數為兩百八十人，高於大多數歐洲國家。以色列人口中，平均擁有的教授和醫生人數，比世界上任何一個國家都多。

因為，國內聚集著大批專家、學者，以致許多人只好到國外工作。正是由於有了大批高素質的人才，以色列經濟的發展才有了最堅實的基礎。

智慧比知識更重要

葡萄長得愈豐碩，就愈低下頭。
同樣地，愈有智慧的人，便愈懂得謙虛。

——《塔木德》

如果你問猶太人什麼東西最重要，答案一定是智慧。

知識固然重要，但它是用來磨練智慧的。智慧是終其一生永遠相伴相隨的財富，它會永遠幫助你；而知識可能給你帶來好運，給你帶來財富，但它會隨著時間的推移而變質。因此，我們必須不斷追求新的知識，但智慧永遠不會過了有效期限，所以智慧是永久的財富，遠勝於知識和金錢。

學識和謙虛同樣重要。一個人若認為自己幸福，那他一定是幸福的；如果他自認是聰明的，那他一定是個愚蠢的人。

猶太商人以令人敬佩的商業智慧，獨步於變幻莫測的世界商場。他們尊重知識，渴望學習，重視教育，崇尚求知。這一切，使他們具有了卓然不群的文化素養和精神素質，這便是猶太商人在商場中獨領風騷的關鍵所在。

不過，要將知識轉化成財富，就需要有將知識化為財富的本領。當然，知識本身就是精神財富，但是猶太人看重的是如何把知識轉化為實實在在的物質財富。這種化知識為財富的本領就是人的知性、人的智慧。猶太人視知識為財富，但更看重智慧，因為它是開啟幸福和財富大門的金鑰匙。

猶太人對財富的重視程度是人們所共知的，他們有著追求財富、崇尚金錢的動力，然而，他們從來沒有深陷到財富的泥沼中不能自拔，而是一直以一種平常恬淡的心態來對待財富、對待生活。這便是追求財富、享受生活的智慧。

學習是磨練人的心性和思惟的，只有不斷學習，才會讓人永遠處於最佳的狀態。猶太人視學習為義務，視教育為敬神，我們知道知識源於實踐和經驗，但個人由於受時空和自身的限制，不可能什麼都自己去實踐、去經歷，只有大量吸取別人的經驗。

因此，書本無疑是傳達知識最重要的媒體，它是新知識新資訊的倉庫，它可以豐富我們的視野，也啟發我們的智慧。因此，學習是使人變得有智慧的第一要件。根據統計，最近十年內發展起來的工業新技術，三〇％已過時，電子產品的生命週期又縮短到了三年，「摩爾定律」也明白指出，人們在資訊技術的更新，只有愈來愈快的趨勢。在這樣一個多變的世界裡，任何人如果故步自封，因循守舊，缺乏遠見和不求上進，都必然走向失敗的深淵。

要擁有智慧，就要學會觀察。知識是死的東西，只有將它用來觀察世界、分析問題時，它才能「活」起來，知識透過人的觀感和思惟，才能與現實事物發生連結，這時，知識的價值才得以展現。

連鎖店先驅盧賓就是一個善於觀察的人。

他最早在淘金熱中做一些買賣生意，以滿足那些淘金者的生活需要，後來他的生意愈做愈大，但是，經過八年的經商經驗，並且深入市場調查研究，他發現：商店不標價，靠買賣雙方討價還價，是非常不利於銷售的，也無法消除顧客對店家的不信任；而且，由於價格不一，沒有一個參考的標準，很多人就會想多逛幾家店。

針對這些問題，盧賓絞盡腦汁，終於想出一種全新的經營方式，叫做「單一價商店」，也就是對每種商品標出定價，並按此定價銷售。這樣，顧客在消費之前對價格一目了然，一來知道自己是否帶夠錢，也避免時常發生消費糾紛，不僅增加了銷售率，也贏得了顧客的信任。

於是，盧賓的「單一價商店」的生意非常好，隨著顧客增多，他又發現，太多的顧客光顧，造成了購物空間的擁擠，使得消費的速度難以提高，而且也浪費了顧客寶貴的時間；另一方面，一個商店的市場腹地，總有一定的範圍，太遠的顧客顯然不太可能都跑來這裡消費。

於是，他又發明了「連鎖店」的策略，也就是許多店同貨同價，且店面設計、布局、裝潢也相同。這樣，就等於將一家店開在了更大的市場，當然營業額也就愈來愈大。

從這個例子我們可以看出，盧賓的創新是對現有的銷售方式所產生的問題，做一種突破；同時，他也必須深諳消費心理學的知識，也就是說，他必須摸透消費者在想什麼。

盧賓為何能創新？因為他善於觀察、發現問題，能針對問題，運用知識和智慧提供解決方案。

更重要的是，我們要學會思考。所謂思考不單是指對知識的理解、咀嚼，更是指對環境、對變化的一種反應。

我們每天都在經歷各種變數，人的變數、環境的變數、政治和經濟的變數，可是，有幾人可以洞悉到這些變化背後的規律，事先預知這些變化的未來趨勢呢？

華爾街的金融鉅子摩根，正是那種懂得掌握趨勢，具有遠見和預知能力的商場高手。

一八七一年，普法戰爭以法國戰敗告終，法國因此陷入一片混亂，既要賠德國五十億法郎的巨款，又要盡快恢復經濟。這一切都需要錢，而法國政府如果要繼續維持下去，就必須發行二．五億法郎的國債，否則就要破產。

面對如此高額的國債，再加上一個變數頗多的法國政治環境，法國的羅斯查爾德男爵和英國的哈利男爵（他們分別是兩國的銀行巨頭）不敢接下這筆巨債的發行任務，而其他小銀行就更不敢了。

面對風險，誰也不敢鋌而走險。這時，摩根敏銳的直覺告訴他：當前的環境，政府如不想垮台就必須發行債券來取得資金，而這些債券將成為銀行證券交易的強勢產品，誰掌握了它，誰就可以在未來稱雄，但是，誰又敢來冒這個險呢？

摩根想：為什麼就不能將華爾街各自為政的各大銀行聯合起來呢？

如果能把華爾街的所有大銀行聯合起來，形成一個規模宏大、資財雄厚的國債承購組織「辛迪加」，這樣就能把原本由一個金融機構承擔的風險，分攤到許多金融機構上，無論在金額上，還是所承擔的風險，都是可以被消化的。

然而，摩根這個想法，基本上就嚴重挑戰了華爾街多年的規矩與傳統。不，應該說是挑戰了當時倫敦金融中心和世界所有銀行的傳統。

當時盛行的傳統是：誰有機會，誰獨吞；自己吞不下去，也不讓別人染指。各金融機構之間，資訊不交換，相互猜忌，彼此勾心鬥角，這種同床異夢的合作，勢必像六月的天氣，說變就變。

再者，各大銀行都是見錢眼開的，為了一己私利可以不擇手段，不顧信譽，爾虞我詐。因此，當時很多銀行經常為了一些利益糾紛，鬧得整個金融界人人自危，提心吊膽，各國經濟烏煙瘴氣，當時人們稱這種銀行為「海盜銀行」。

摩根的想法，就是針對這一弊端，想趁此對金融界來個大改革，讓各個金融機構聯合起來，成為一個資訊相互分享、彼此業務相互協調的穩定團體。對內，經營利益均霑；對外，以強大的財力為後盾，建立可靠的信譽。

摩根堅信自己的想法是對的，憑藉過人的膽識和遠見看到：一場金融界的暴風雨是不可避免的。

正如摩根所想的那樣，他的想法就像一顆超級炸彈，在華爾街乃至世界金融界引起了軒然大波。人們說他「膽大包天」、「是金融界的瘋子」，但摩根不為所動，他相信自己的判斷沒有錯，他默默等待時機的來臨。

後來的情勢發展，證明了摩根的洞察力果然是超人一等，華爾街的「辛迪加」成立了，法國發行的債券也賣光了。摩根改變了以前銀行海盜式的經營模式，後來又朝向銀行托拉斯集團的策略前進。

在這裡，筆者無意去評論托拉斯的壟斷模式是對是錯，但華爾街無疑從投機者的樂園，變成了全美的金融中心，而摩根及其龐大的家族也成了全美最大的財團之一。

摩根的勝利不僅是知識的勝利，更是智慧的勝利。

商人也要學識淵博

深井中的水是抽不完的，淺井卻一抽見底。

——《塔木德》

與猶太人相處，你很快就會發現，猶太民族是知識豐富的民族。猶太人很健談，話題很多，而且涉及各個方面，大到世界政治、人類生存，小到節日與假日消遣；長到世界歷史、民族歷史，短到近期的體育新聞。不管是經濟、政治、法律、歷史還是生活細節，他們都能滔滔不絕，談得頭頭是道。

猶太人有如此豐富的知識，實在是令人大為稱奇。正因為他們懂得運用豐富的知識，來創造在商場上的優勢，因此，猶太人在商場總能處於不敗之地。

猶太人非常重視人才資本的投資，其中又以教育上的投資為第一順位。

猶太人深刻體會到，教育投資不僅僅是經濟上的投資，因為知識是特殊形式的資本，它往往扮演著放大其他資本（土地、貨幣）的功能。知識，包括腦的知識——學習，和手的知識——技能，都是他們投資的核心和關鍵策略。

以色列是一個小國，資源貧乏，既缺水又缺能源，且幾乎都是沙漠，但是，它卻有豐富的人才。數十年來，世界各地的猶太人紛紛移民到自己的祖國，他們帶來了資金，更帶來了知識、技術、專長，他們將這些知識用於國家建設，以色列才能迅速崛起。

這個國家有世界上最高的教育水準，擁有最好的人才培養基地。同樣地，這個國家獨創了舉世聞名的農業技術，靠貧瘠的土地養活了自己，還大量出口農產品；這個國家擁有世界上一流的工業技術，特別是在通信電子方面，居於世界前茅。這些科技和經濟上的奇蹟，靠的就是知識。

在世界任何地方，猶太人憑藉著自己擁有的可以隨身帶走的知識，躋身各種行業，特別是金融、商業、教育、科技、律師、娛樂、傳媒行業。在華爾街的精英中，一半以上有猶太血統，律師中三〇％是猶太人；科技人員中一半以上是猶太人，特別是在IT產業，猶太人也非常出色，猶太人掌控的《紐約時報》、《華盛頓時報》、《新聞周刊》、《華爾街日報》，美國三大電視網ABC、CBS、NBC，還有美國時代華納公司、米高梅公司、福克斯公司、派克公司也都在猶太人的事業版圖之內。

在美國前四百名巨富中，猶太人佔了近三成。這些數字的列舉可能顯得枯燥，但我們不得不感嘆，猶太民族神祕的經商天賦和致富力量。

知識在這個古老民族身上，竟然能發出如此驚人的力量，真是令人不可思議的奇蹟。反過來，我們不禁要問，為何在其他民族中，知識沒有像在猶太民族身上那樣發出驚人的力量呢？十二世紀精通醫學、數學的猶太哲學家蒙尼德，明確地把學習規定為一種義務：「每個猶太人都必須鑽研《塔木德》，甚至一個靠施捨度日或沿街乞討的乞丐，或一個要養家餬口的工人，也必須擠出一段時間來鑽研。」

由於他們有這樣的體認，他們創造了一個全民學習、全民都注重文化的優良傳統。

在人類的價值體系中，我們可粗略地區分出兩大類價值：一類是工具價值，另一類是目的價值。

所謂工具價值，就是本身作為取得其他價值的手段價值。這種價值是否「有價值」不取決於其本身，而取決於它能否成功地實現目標。

人類文明的發達，無非靠著兩樣東西的進步：一是物質文明的進步；二是精神文明的進步。在這兩種文明結合的基礎上，人類社會才能不斷以加速度發展著。

在物質文明的進步上，猶太人歷來是大有貢獻的。只是歷史的特殊處境，常使他們的貢獻和他們的災難一起化為烏有。

在精神文明的進步上，猶太人可以說更有貢獻的。僅僅一本《塔木德》對猶太人歷史的影響，已經足以證明，即使在宗教神學的外衣下，猶太人的學問在人類認識自身、開拓自身、約束自身方面，也交出漂亮的成績單。

不可思議的雜學博士

與一切知識交朋友，也可以從朋友那裡學習知識。

——《塔木德》

猶太人有「雜學博士」之稱，你和他在談判的時候，他講得頭頭是道、條理清晰，內容豐富且精彩，似乎世界上沒有他不知道的事情。

有個日本人和猶太人談判之後，留下了終生難忘的印象：「那個猶太人太厲害了，那天我們談判了兩個多小時，一直是他在不停地說。他給我的印象好極了，他穿著很整潔，講話極有道理，條理極清晰，態度又非常謙和，他的談話讓我受益良多，我真的不想說任何話，只想當他的聽眾。老實說，我不是在和他談判，而是他在給我上課。」

如果有幸成為猶太人的朋友，你和他交談愈多，你就愈會佩服他的學識淵博了，他談政治、論經濟、說軍事、講歷史，還滔滔不絕地聊體育、娛樂、軍事、時事，真是天文地理，無不涉獵。

他們可以為你講解大西洋海域特有魚群的名字，汽車的各個零件的構造和運作原理、植物的分類和品種……你簡直要懷疑他們是不是這方面的專家。

有個西班牙商人，對猶太商人的經商原則很欣賞並且盡力學習，而且得到了不小的成就：他的女式手提包生意非常好，在服飾品貿易的市場中也站穩了腳，但是他看到了猶太人買賣鑽石更賺錢，於是他也想去賣鑽石。

他看到身邊不少西班牙人經營的鑽石生意很不景氣，為了避免遭受同樣的命運，他就找到世界著名的鑽石大王瑪索巴士，向他提出這些疑問，毫無疑問地，這位鑽石大王就是位博學多聞的猶太商人。

這位鑽石大王聽完他的來意，冷不防地問了他一句：「你知道澳大利海域有什麼熱帶魚嗎？」西班牙人簡直是丈二金剛摸不著頭腦，心想這個鑽石大王問這個做什麼？這個和鑽石生意有關嗎？

看到西班牙人啞口無言的樣子，這位鑽石大王語重心長地說：「鑽石生意是需要豐富的知識才可以做的，你對這顆鑽石的來源、歷史、種類和品質都不知道，就不知道它的價值。要擁有這些判斷鑽石價值的經驗和知識，就要不斷地學習再學習，至少需要二十年，所有相關的知識你都要了解了，才能真正培養出預測市場的能力。」

西班牙人聽了，不禁為自己的見識淺陋感到羞愧，他早就知道猶太人是繼承了幾千年祖先流傳給他們的經驗，加上最新的知識才擁有了這樣豐富的學識，他們可以贏得顧客的尊敬和信任，沒有一、二十年的學識和良好信譽，根本是不可能的。他自知沒有這麼浩瀚廣博的知識，於是知趣地退出了這個行業。

在任何時代，學識淵博的人，永遠都會得到人們的尊敬。

有位猶太人某次應邀出席英國的金融會議，在蘇格蘭與會期間，在某天晚餐後外出散步，走到一處風景優美的地方，不禁觸景生情，趁著酒興吟誦了英國詩人史考特的詩，英國人聽後大為嘆服，認為該位先生學識淵博。從此，對他另眼相看，結果，這位猶太人自然在談判桌上贏得了不少好處。

一個猶太人打電話給一位日本朋友，要求借車旅行。這個日本人想這位猶太朋友第一次來日本，一定對日本很陌生。

「你要到京都一帶的名勝古蹟去遊覽，我可以義務陪同。」

「謝謝你的好意，我已有足夠的準備。」

猶太人借到車後，便帶上地圖和導遊手冊獨自旅行去了。

幾天以後，那個猶太人滿面春風地回來了，把車還給日本人，並請日本人一塊吃飯。

飯桌上，猶太人連珠炮似地向日本人提問：

「日本男人外出時都不穿和服，為什麼回到家中反而穿起和服來呢？」

「為什麼和服領子要白色的，白色不是最容易髒嗎？」

「日本人為什麼要用筷子吃飯？用勺子不是更方便嗎？是不是日本人喜歡用祖先的遺物？」

那個日本人被問得暈頭轉向，都顧不得吃飯了，但是猶太人還是不肯善罷甘休似地，不問清楚每一件事絕不停止。

說實話，猶太人問的許多問題，是日本人從來沒有想過的，他只好如實地說：「我們日本人一向如此，沒有人注意過，因此，請恕我不能回答您的問題。」

猶太人這種打破沙鍋問到底的好學精神，讓日本人佩服不已。猶太人不將不懂的問題弄清楚，絕不輕易做生意，也是這種認真的精神，才使他們做事謹慎小心，在商場永遠立於不敗之地。

他們這種熱愛學習、勤學苦研的傳統從未中斷，這使猶太人不管流亡到哪裡，其民族的文化整體素質都比其他民族要高。以北美為例，在二十世紀七〇年代，在金融、商業、教育、醫學、法律等高文化行業中，美籍猶太男子有七〇%，女子則有四〇%；而同期全美平均只有二八．三%的男子和一九．七%的女子加入此行列。

正是他們的學習，讓他們領先於別的民族，一位著名的學者說：「猶太人會賺錢，他們的知識和教育是關鍵。」

事實正是這樣：據統計，在全美兩百多萬猶太人中，約有六四%達高中畢業，大學畢業佔三二%。而在全美總人數中，高中畢業只佔三五%，大學畢業佔一七%。這個文化水準的群體差異，使全美猶太人的收入就比全美人民平均收入高得多。

據統計，全美猶太人家庭平均收入為一三三四〇美元，而全美的平均家庭收入只有九九五三美元，猶太人家庭高收入率達三四%。

猶太人把知識視為財富，認為：「知識是別人搶不走且可以隨身帶走的，知識就是力量。」所以他們十分重視教育。猶太人有個說法，猶太人一生的第一義務就是教育子女，目的在於讓後代能在競爭激烈的社會中求生，壯大自己民族的力量。

做事愈少，賺錢愈多

善於思考問題，多想問題是商人應該做的事情。為了避免做錯決策，應該全面地看問題。

——《塔木德》

會思考的人，思惟是全面的；別人說一時，他就會想到二。《塔木德》是這樣討論這個問題的：某人買了別人田地裡的兩棵樹木，並不意味著連周圍的土地也買下了，因此，不可以移動這兩棵樹，只有樹幹以上的樹葉才是買樹人所有，但是根部長出來的樹根，依舊歸地主所有，如果樹木枯死了，樹木周圍的土地依舊歸地主所有。買樹人不可視為自己的財產。

但是如果三棵樹呢？情況就大不一樣了，買了三棵樹，就可視為連樹木周圍的土地一起購買過來了，樹木長高了，可以進行修剪，無論是樹根，還是樹幹發出芽都是買樹人的財產。

買兩棵樹不能擁有土地，只能擁有樹幹的樹葉，但是買三棵樹，就可以享受全部的樹葉甚至土地，為什麼《塔木德》要做這樣的規定呢？

我們知道，一個點只能代表它是一個點，兩個點就代表它是一條直線，而不同的三個點，就形成了一個三角形的面積，在這個三角形的面積裡，所有的東西都屬於這三個點，因此，在看待問題的時候也應該這樣，看到了三個角度，就基本上看到了整個事物的立體面，也就接近事實的全部了。

所以，猶太人形成了這樣的思惟，倘若有一個人說出了一種觀點，那另一個人必須反對他，因為一個人的意見一定是不客觀的，所以，當兩個猶太人在的時候，就至少會有三種觀點，而三個猶太人在一起的時候，就至少要有四種觀點，這樣，他們才覺得是比較全面的觀點。

因而，在法庭上，猶太人是這樣規定的：若所有法官一致判定某人有罪，那這個判決是無效的，因為都是一樣的觀點，說明大家都只看到了一個方面，忽略了另一個方面，因而大家的觀點都是片面的，不具客觀性；若一部分法官認為有罪，而另一部分法官認為無罪，那這個判決就被認為是客觀、有效的判決，因為有不同的觀點出來，證明大家是從各個角度看問題的，是比較全面、客觀的評價。

在作證的時候，必須至少有三個證人，才可以證明這個人是否有罪。因為這三個證人是從不同的角度，來闡述這個人的犯罪情況，因而他們的意見可以採信。

專心自己的事情，把時間用在你真正需要用的地方，因為衡量人的工作價值，不是依靠你勞動多少，而是你付出的實際有效成果有多少。

《塔木德》上記載了這樣的一個小寓言：

一隻蜜蜂和一隻蒼蠅同時掉進了一個瓶子，這個瓶子的瓶口處有一個小口。蜜蜂整日在瓶子底部轉來轉去，每日一刻不停地咬啊、叮啊，希望自己可以叮破這個瓶子，就可以出去了。

結果，三天之後，牠死在瓶子裡面。蒼蠅呢？牠在瓶子裡轉了幾圈後，發現四周都很堅固，於是就飛到瓶口處，意外地發現那裡有一個開口，就飛了出去。

這個小寓言告訴人們，準確地找到奮鬥的方向，不要把所有的精力放錯地方，像蜜蜂一樣不停地撞瓶底，就算再努力、用力，也是徒勞無功，枉費心機。

這也就是為什麼許多人終生勞碌卻一無所獲，而有些人不甚忙碌卻頗為富有，甚至是不勞而獲。事實上，後者看似清閒，卻是把全部的精力放在了他真正應該投入的地方，他明白應該在什麼地方投入精力，而有些事情根本不需要投入精力。前者這種愚勤的人，看似終日奔忙，但是他卻不知道自己真正該做的重點是什麼，他們的原則是：這是工作，就要完成，至於為何要完成這些工作，怎樣才能完成這些工作，則全然不知，他們一心拚命做，大量精力被放在一些不重要的事情上，難怪投資跟報酬永遠成反比，就因為沒有瞄對靶心，只會浪費子彈，投入愈多，反而得到的愈少。

華爾街，聚集了來自世界各地的投資者，也是世上最精明投資客爭奪利益的戰場。許多投資人每天都要緊盯著電腦看行情的報價，不放過任何一個市場分析或評論的文章，因為他們明白假如錯過任何一個有價值的資訊，就可能失去一次發財機會甚至虧損連連。

因此，他們整天都在辦公室裡，緊張地研究分析各種可能情況。回家後，還在不停思考和預測未來的變化。光在辦公室裡，他們每週至少工作八十個小時以上，然而，他們的投資大多以虧本告終。

當時，著名的金融家摩根也在這條街上，不過他與眾多的投資者不同。人們大多數時間是看見他在休假，或者是娛樂，他每週工作不到三十小時。人們大為不解，就問他為何如此輕鬆卻賺到了那麼多的錢？他回答說：「我每天到處遊蕩，其實也是工作的一部分，只有遠離市場，才能更客觀地看透市場。那些每天都守在市場的人，最終會被市場中出現的每個細節所左右，也就失去了客觀的判斷力，等於是被市場給愚弄了。」

摩根賺錢之所以能這麼輕鬆，正如他自己所說的那樣，只會埋頭工作的人，往往看不清市場的真面目，甚至被市場所愚弄，當然要白做工，賺不到錢了。而摩根在玩樂中，超然於紛繁複雜的市場之外，能夠極冷靜地判斷目前的市場走勢，透過光怪陸離的表面，看清楚目前的問題所在，這才是摩根的過人之處。拚命地工作，盲目地跟隨，結果肯定是輸得一場糊塗。

猶太著名的企業家吉威特，經營多處餐館，又承包了大量的工程，還創辦報紙。對報社的經營，他完全委託給報社負責人，自己並不親身參與，但是對業績的監督卻絲毫不放鬆，他讓負責人定期向他彙報最近的業績，如果情況不好，就讓他們拿出解決的方案，他只看最後的結果就可以了。

對於建築工程也是一樣，他向工程的負責人指示：只要不發生錯誤，他從不干涉。他認為對經營者來說，這是一種應該遵循的原則：只指出方向，然後把一切託付給實際負責人，要用人不疑，疑人不用，這樣才能使得各種事業皆能順利發展。

這就是吉威特的過人之處，也是經營者應該遵循的原則。

洛克菲勒這麼說：「我永遠信奉做事愈少、賺錢愈多的真理。我的時間有限，我只去做那些需要自己思考的事情，這才真正是我經商致富的關鍵。」

對所有的事都不信任

凡事自己不去思考和判斷，等於把自己的腦袋交給別人。

——《塔木德》

猶太人是善於學習的民族，也是善於思考的民族，他們以一種冷峻的眼光看這個社會和這個紛繁的世界，他們拒絕崇拜任何偶像，從不盲從大眾的潮流，他們是用一種懷疑的眼光看這個世界的。

當一個猶太人的小孩上學的時候，他就被鼓勵發問，他放學回家之後，他的媽媽就會問他說：「鮑比，你今天在學校裡向老師提問題了嗎？提什麼問題呢？」

小孩子說：「我問老師，為什麼魚是用鰓呼吸，不是用鼻子呼吸？牠的鼻子在哪裡？我過馬路的時候，為什麼紅燈總是亮的？為何瑪琍老師今天穿了一件咖啡色的褲子？」

開始的時候，他們的問題讓人覺得幼稚可笑，但是時間一長，他們的問題就已經很難讓人回答了，甚至一些專業的教授也無法回答。

猶太人就是這樣喜歡提問，因為在他們看來，思考是求得智慧的開始，不會思考的人，也不會學習。思考讓人明白為什麼要去做一件事情，做這件事情有什麼好處，他們所探求的是一件事情根本的原因，而不是那些浮在表面的東西。你如果抓住了這些關鍵的核心，就等於抓住了深水中的魚，否則，光抓住表面的東西，抓住的不過是魚吐出的水泡。

由於輕信和盲從，人們總是習慣崇拜權威，相信他們的意見總是對的，用既成的眼光看待問題，追求大眾的判斷，這樣就很難在自己的事業上有所突破，相對地，要有成就也很困難。

猶太人總用一種很挑剔的眼光看問題，他們懷疑一切，質疑一切。《聖經》上記載了在猶太歷史上，諾亞的第十代孫亞伯拉罕對上帝進行過的一次懷疑。

上帝曾經懷疑兩個城鎮的人民違反他的諭旨，便準備毀滅他們，以作為對他們的懲罰。

亞伯拉罕聽到這個消息，開始懷疑這位萬能神聖的上帝，於是便自告奮勇代表人民和上帝談判。他質問上帝說：「如果城裡有五十名正直之人，難道也得跟隨惡人一起遭受毀滅嗎？」

上帝沒有回答，亞伯拉罕進一步問：「難道上帝不願看在正直之人的分上，寬恕其他人嗎？」

上帝自知理虧，只好說：「若該城真有五十名正直的人，就看在他們的分上饒恕這個城鎮。」亞伯拉罕更懷疑了，難道要有五十個人才可以原諒該城的人嗎？於是他接著問：「如果只差五個人就能湊足五十人，是不是還得毀滅這個城鎮呢？」

上帝又讓步，答應如有四十五個正直人，就饒恕這城鎮。

亞伯拉罕更加懷疑這位仁慈寬厚的上帝了，於是他步步緊逼，說：「如果只有四十名正直人呢？」

在亞伯拉罕不斷的質疑下，上帝真的是理屈詞窮了，但作為神聖不可侵犯的萬物的主宰，不能說出去的話不算數，然而，他還是為自己的發言辯解。

亞伯拉罕義正辭嚴地問上帝：「把擁有正直的人的城鎮全部毀滅，合乎正義嗎？」

上帝終於被他問得無話可說，最後他答應：「如果有十位正直的人，就不毀滅這個城鎮。」

猶太人就是這樣，他們懷疑一切東西，即使那些看起來十分神聖的東西，他們也絕不會不問是非就相信它們，他們不相信任何貌似神聖的東西，也不會被這些東西所嚇倒。在他們的眼裡，任何偶像和崇拜都是錯誤的，那些偶像不過是一些嚇唬人的東西，他們是不屑的。

所以猶太人並不喜歡，也不願意把他們的領袖視為偶像，連猶太人最偉大的領導者摩西也不例外。摩西帶領猶太人逃離了埃及，擺脫了埃及的殘酷統治，是猶太人歷史上一位偉大的領導者。在猶太人心中，摩西有崇高的地位，但是卻不把他視為偶像，也絕對不是權威。他們不要偶像去安排自己的命運，他們崇尚的是一種獨立的思考判斷。

對於猶太人這種懷疑一切的態度，猶太人心理學大師佛洛伊德是這樣解釋的：「因為我擁有猶太人的兩個天性：懷疑和思考，所以我發現自己沒有受到偏見的影響，而其他人在運用他們的智力時，卻受到了很多主觀和外在的限制。作為一個猶太人，我隨時都準備反對大多數人的意見。」

他的這些話貼切地解釋了，為什麼猶太人在許多領域都可以獲得不凡的成就，因為，他們總是以一種懷疑的眼光看待一切事情，因而他們從來不受社會既定成見的影響，自由發揮他們的才能和想像力，即使他們處於少數的狀態，也不願意放棄自己的獨立思考，因為，成功永遠是屬於那些獨立思考的少數人。

走向外面世界的鑰匙

成功沒有捷徑可走，但是卻可以有多條路徑供你選擇。

——《塔木德》

猶太商人良好的外語能力，讓他們可以縱橫世界各地賺錢，精通外語是他們經商的利器。

猶太人的外語水準都不錯，他們幾乎都能熟練地掌握一種或兩種以上的外語，甚至可以自如地與外商接觸而不要翻譯，這成為猶太人經商成功的重要一招。

著名的猶太裔科學家愛因斯坦生於德國，他除了精通猶太民族的希伯來語、德語外，還精通英語，精湛的外語使他能博得眾人的支持，成為二十世紀最傑出的科學家之一。

現在的社會，外語已是每個人生存所必須掌握的一種知識和技能了。「商人不需要學習外語，只有從事外交工作的人才需要學習外語」，這種論調，只適用於過去封閉的社會環境。

在飛速發展的今天，要做個成功的商人，至少要掌握一種外語，並能自如地與外國人交談。因為，現在是一個地球村的時代，也就是大家互相交流的年代，你不能熟練地掌握外語，就意味著你被排除在世界文化和經濟交流的大門之外。

曾有一項調查顯示：如果一個群體、一個國家和外界無法有良性交流，缺乏優秀的外交人員，就會與世界隔絕，與人類文明的發展無緣，不但沒有進步而且會逐步衰退。

對於現代社會來說，文化和科技的發展，早已衝破國界，跨越國家、民族而相互溝通和交往。這讓精通外語的猶太人如魚得水，在世界各地自由來往，關鍵就在於，他們通常都精通兩種以上的外語。

他們與外國人交往時，能用對方的語言來思考問題，他們對外國知識和文化的理解，往往讓對方都感到吃驚。而猶太人利用這獨特的優勢，迅速掌握該國的各種情報和資訊，以便很快做出決策。

此外，猶太人對人性的心理也幾乎是瞭如指掌，這樣雙方的溝通自然就很容易。猶太人愛說英語中的「Nibbler」這個詞，它是由「Nibble」延伸而來，變成了一個名詞。Nibble是指釣魚時，魚兒咬掉鉤上餌料的動作。聰明的魚會把鉤上的餌吃光而不被釣著，而笨魚則會被釣起來。猶太商人將咬住魚餌逃走的魚叫做「Nibbler」，也就是聰明的魚。

學會了外語，事業就會賺錢，若不會外語，對該國的情況和風俗文化不熟悉，就很容易在商場中被當凱子。一個商人，在國際貿易談判時，若是借助翻譯來理解對方，勢必會影響判斷的速度及正確性，而熟知多種外語的猶太人，在國際貿易談判中判斷的迅速確實令人吃驚。

他們除了學習英語外，還要求自己至少再學一門外語。多種外語的掌握，有助於擴展業務，可直接與多國進行貿易合作和商品交易，以便為賺錢提供更多途徑。

英語是國際上廣泛運用的語言。在國際中的經濟文化、科技交流或政治活動，多是利用英語進行，可見英語的重要性，能講一口流暢的英語，是賺錢的第一條件。

每個猶太人都會說一口流利的英語，因此他們在世界「流浪」時暢通無阻。猶太人錢包裡的錢，有一大部分應歸功於他們精通英語，在猶太人的眼中，英語和金錢是兩位一體，不可分的。

猶太智慧的沃土

一個不重視教育的民族，是沒有前途的民族。

——《塔木德》

猶太人非常重視教育，以色列也是如此，剛建國時，以色列政府就頒布了《義務教育法》，一九五三年又頒布了《國家教育法》，一九六九年頒布《學校審查法》。

現在，在以色列，全國的基礎教育都由國家負責，所有五歲至十六歲少年，都必須進入學校接受免費教育，免費教育可持續到十八歲，高中以上學生的學費，則根據其家庭經濟狀況，由政府給予補助，制度上有全部免費、部分免費等等。

這套義務教育制度，需要巨額財政的資助，以色列教育經費一直沒有低於國民生產總值的八％，在最高的年度曾達到八．八％。

對於一個不算富裕並要維持高額軍費開支的國家來說，教育投資能達到這一水準是很不容易的。美國是世界上教育最發達的國家，但它的教育經費也僅佔國民生產總值的八％左右，而像日本、德國就更低。

如果說，義務教育在今日尚屬不易，那在過去就更加不易了。為了保證學子們的學業與生活，猶太民族訂定了兩項制度。

第一項制度是每個人都要繳納十一金，即每人把自己總收入的一〇%，當然更多一些也可以，捐獻出來，而且不管是誰，就算是接受施捨的窮人，也必須捐獻一〇%。

另一項制度安排是，猶太人在婚配上的門當戶對，這種門當戶對的特點在於，猶太人最理想的婚配是最有學問者（拉比或其他智者）的子女，和最富有者的子女的結合。

無論是在古代的開羅、伊比利亞的托萊多、威尼斯共和國，還是中歐的猶太社區，人們都持有同樣的觀念。

從猶太人對教育的重視和對教師的敬重，任何人都不難想像出教育的場所學校，在猶太人生活中是何等神聖。

一九一九年，猶太人正和阿拉伯人處於日趨激烈的衝突之中，耶路撒冷的希伯來大學便在前線隆隆的炮火聲中奠基開工。此後連綿不絕、愈演愈烈的衝突，並未能阻止這所大學在一九二五年落成。

今天，人口僅四百多萬的以色列，卻擁有六所躋身世界一流的知名大學：希伯來大學、特拉維夫大學、以色列理工學院、海法大學、內格夫大學和巴爾伊蘭大學。

猶太人之所以特別重視學校的建設，除了他們具有「以知識為財富」的認知之外，還因為在他們看來，學校無異於一口保持猶太民族生命之水的活井。

《塔木德》中記載的五位偉大拉比之一，約哈南・達凱拉比就認為：「學校在，猶太民族就在。」

西元七〇年前後，佔領猶太國的羅馬人肆意破壞猶太會堂，圖謀滅絕猶太人。

面對猶太民族的空前浩劫，約哈南殫精竭慮，想出一個方案，親自去見包圍耶路撒冷的羅馬統帥韋斯巴台。

約哈南拉比假裝生病快死了，才得以出城見到羅馬的司令官。他看著韋斯巴台，沉著地說道：「我對閣下懷有和對皇帝同樣的敬意。」

韋斯巴台一聽此話，認為侮辱了皇帝，就要懲罰拉比。

約哈南拉比卻以肯定的語氣說：「閣下，您必定會成為下一位羅馬皇帝。」

將軍終於明白了拉比的話，很高興地問約哈南此來有何請求。約哈南回答道：「我只有一個願望，給我一個能容納大約十個拉比的學校，且永遠不要破壞它。」

韋斯巴台說：「好吧！我考慮考慮。」

不久以後，羅馬的皇帝死了，韋斯巴台當上了羅馬皇帝。日後當耶路撒冷城破之日，他果然向士兵發布一條命令：「給猶太人留下一所學校。」

學校留下了，學校裡的幾十個老年智者，使得猶太民族的知識、傳統得以延續。戰爭結束後，猶太人的文化和智慧，也由於這所學校的存留而繼續保存下來。

事實上，商人變得有學識是文明的進化，是推動經濟發展的一隻無形的手。猶太商人具有令人嘆服的經商頭腦，正是他們民族尊重知識、酷愛學習、重視教育的必然結果。

以知識武裝起來的猶太商人，縱橫捭闔，處變不驚，這是「第一商人」的魅力所在！

【第五章】

要發財，從改變自己開始

【第五章】要發財，從改變自己開始

有個叫哈羅德的猶太青年，他最初是一個經營餐飲的商人，可是當他看到了麥當勞裡面每天人潮如湧的場面，他就知道那裡面應有驚人的巨大利潤。

於是他想，如果自己可以代理麥當勞，那利潤一定是極可觀的。於是他找了麥當勞總部的負責人，說明自己想代理麥當勞的意圖，這位負責人告訴他，如要擁有這樣的代理權，需要兩百萬美元的資金才夠。

聽到這位負責人的話，哈羅德就決定每個月都存一千美元，於是每個月的一號，他就把自己賺到的錢都存入銀行。為了怕自己花掉手裡的錢，他總是先把一千美元存入銀行，再考慮自己的經營費用和日常的支出，而且他給自己規定，無論發生什麼情況，都要一直堅持這樣做。

這樣堅持不懈地過了整整六年，由於每個月他都在一號把一千美元存入銀行，銀行裡面的櫃台小姐都認識他，他告訴她們他的計畫，她們也都被他堅韌的精神感動。

過了一段時間，他手裡已經有了七十二萬美元了，但是距離需要的兩百萬美元還有不小的差距，於是他去找麥當勞總部的負責人威爾遜先生，他向威爾遜講述了自己的困難，希望能把麥當勞代理權給他做。

威爾遜聽了他的話，被他這種執著的精神感動了，不過他還是決定親自去銀行打聽一下哈羅德的事情。他到了銀行問是否認識一個叫哈羅德的人，櫃台小姐們就說：「哎呀！那個人真是不簡單啊！他每個月的一號，都是在中午的時間存入一千美元，六年了，他一直這樣，這個人真是有毅力。有一次，下了大雨，把他渾身都淋溼了，他還是一樣來存錢。」

威爾遜聽了，當場就決定把麥當勞的代理權，全部交給哈羅德經營，從此，哈羅德傳奇的發跡史就展開了。

當初，如果不是哈羅德堅持讓自己每個月存入一千美元，就不會有七十二萬美元了。正是他為了讓心裡的種子發芽，他忍受了六年，終於感動了威爾遜，也開始了他富豪的生涯。

不要浪費時間

今天就是最後一天，永遠不要等明天，
因為沒有人知道明天會是什麼樣子。

——《塔木德》

猶太人喜歡勤奮工作，一分鐘都不可以放棄，因為要經商，就必須有大量的時間，否則是無法成功的，成功是經過長期艱苦的付出才能得到的。

你要等待救世主的到來嗎？

那你把每一天都當作最後一天吧！

猶太人就是這樣緊迫地看待時間的，時間就是金錢，是絕對不可以隨便浪費的，猶太人都信仰「浪費時間是不可饒恕的罪」。

時間就像海綿裡的水，只要懂得擠壓，時間就會多出一些來。會賺錢的商人，就應該是一個管理時間的高手。

時間，是這個世界上最寶貴的東西，它不像金錢和寶物，丟了可以再找到或者賺回來，而時間是只要被浪費掉了，就永遠不會回來了，再也不屬於你了。

別忘了！對於每個人來說，時間都是有限的資源，是買不到也搶不來的，上帝對每個人都是公平的，你用了一分鐘玩樂或工作，你的生命就少了一分鐘，就因為時間有限，聰明的人在這上面，更應該要有策略和管理計畫。在猶太人看來，時間和商品一樣，是賺錢的資本，可以產生利潤，因此盜竊了時間，就等於盜竊了商品，也就是盜竊了金錢。

曾有一個猶太富商這樣計算過：他每天的工資為八千美元，那麼每分鐘約合十七美元，假如他被打擾而因此浪費了五分鐘時間，這樣就等於自己損失現金八十五美元。

猶太人的時間既然已經安排定了，就會按照這個時間表嚴格地進行，他們的計畫是任何人都不可以打擾的，如果誰有什麼重要的事情，必須提前預約，他們才可以給你安排時間，否則，他們只會按照自己既定的時間表進行他們的計畫。

有位日本的青年不知道猶太人的這些習慣，而遭到了拒絕，事情是這樣的：

日本某家著名的大公司，有一位頗有才幹的青年主管到紐約辦事，辦完事，看看還有時間，為了有效運用時間，就到紐約一位猶太商人的公司，打算拜訪該公司的主管。

當他一進公司，就做了自我介紹：「我是日本某公司的行銷部主任，想拜訪一下貴公司的宣傳部主任。」

接待小姐立刻問道：「請問先生，事先已約好時間了嗎？」

這位青年主管，被問得有點不好意思，為了挽回面子，他繼續滔滔不絕地說：「我是日本百貨店的主管，此次來紐約考察，雖然沒有預約，但因業務需要，覺得有必要來向貴公司的宣傳部主任請益。」

「對不起，先生！沒有預約，主任就無法和你會面，因為他的行程都排滿了。」

就這樣，他被拒絕了。

這位日本職員為了珍惜時間，臨時訪問客戶的做法，在日本處處都會得到誇獎，大部分的人應該會說：「現在的年輕人，工作熱情又有幹勁，真是令人佩服啊！」

可是，他們的這種時間觀念，對以「不要盜竊時間」為原則的猶太人，是行不通的，他們絕不接待未經預約的不速之客。

有些人覺得猶太人似乎沒有禮貌，見面三分情，聊一會兒也是友好的表現，可是猶太人卻說：「你和我約定了時間卻遲到了一分鐘，你已經沒有禮貌了。你和我客套，但是沒有給我帶來額外的好處，浪費了我賺錢的時間，你就更沒有禮貌了！說好談判二十五分鐘的，可是你談到了三十分鐘還說沒有結論，更是對我在時間上嚴重的浪費，你連起碼的禮貌都沒有了！」

如果，你覺得他們很古板，甚至表達你的不滿，他們也會直接說：「公事公辦，不談交情。」

商業競爭，在某個層面來說，就是時間的競爭，切勿被隱形的時間殺手所謀殺。要學會有效率地運用時間，這才是商人成功最大的關鍵。

我們現在來看看摩根這個金融集團的主人，怎樣擁有了那麼多賺錢的時間？走進摩根的辦公室，就會發現摩根的辦公室和其他人的辦公室是連接著的。摩根這樣做，就是為了經理們有什麼需要請示的事情，他直接就在現場告訴他怎樣處理問題，如果工廠出現了什麼問題，就可以直接來找他解決問題，他不讓問題隨便拖延，哪怕只延遲一分鐘。

但是那麼多問題要處理，摩根是怎樣辦到的呢？

原來摩根和人會面的時候，就是用猶太人這種態度，他會直接地問來客或屬下有什麼事，然後簡明扼要地交代三兩句重點或大原則，就把來人打發了。

他的經理們都知道他的這種作風，於是向他彙報工作的時候，都必須乾淨俐落地說明問題，任何含糊和拖泥帶水的報告，都會遭到他嚴厲的責罵。

他也很少和人客套寒暄，除非是某個十分重要的人物，他才說幾句客套的話，但是他有個原則，就是與任何人聊天的時間不超過五分鐘，即使是總統來了，他也一視同仁。

摩根最絕的是，他擁有洞察人心的能力，當人們來找他，他立即就能判斷出此人找他的真正意圖是什麼，他能在一見面時，就知道來人找他是什麼事情，於是他會很乾脆地告訴他處理的辦法以及處理的步驟，他的這套洞穿別人內心的本領，在華爾街讓人敬服並且害怕不已。

他之所以這樣做，就是為了把不必要浪費的時間全部節省下來，好讓他的時間全部可以有高效率的使用。

時間就是商品

愛惜時間吧！因為時間可以讓金錢「生生不息」。

——《塔木德》

所有猶太人的時間觀念都特別強，他們喜歡那種快節奏、高效率的生活方式，他們辦事快，非常符合都市的生活節奏，尤其是大都市的繁忙生活，他們集中在紐約這樣的世界超級大城市，也是他們可以獲得非凡成就的重要原因。

猶太人的人生觀就是，人生就像從火場裡搶救東西，我們從裡面能夠搶出的東西愈多，我們的人生才愈有價值。

猶太人的名言：「最好能在兩列火車交會時做完交易。」

既然時間如此寶貴，而且也是一筆賺錢的資源，那麼如何來配置這份資源，使其效益最大化呢？

對於不同的人，時間的價值是不一樣的，一個喜歡讀書的人，當然希望把時間花在讀書上，而一個商人則更常想著如何利用時間多賺些錢，但無論如何，時問就像一塊蛋糕，總要被分成好幾塊，一塊用來工作，一塊用來休息，一塊用來學習等等，總之，時間面臨著一個如何分配的問題。

對猶太人而言，浪費了時間，就等於浪費了金錢，他們對自己的時間，可謂精打細算，晤談要預約日期和時間，甚至幾點幾分到幾點幾分，都規定得清清楚楚，晤談時從不允許遲到或拖延時間，處理函件時一律謝絕會客，甚至到了年老時，他們也會仔細估算還能活多久，才知道自己還能賺多長時間的錢，還可享受多久。

我們每天都面臨著許多雜事或計畫之外的變數，它們或多或少都佔用我們一些時間。但總的來說，我們的時間可分為可支配的時間和不可支配的時間。

對於前者，我們可以根據具體的情況來安排和調整，但對於後者，我們卻無能為力，比如一些你不得不應付的事情，由不得你來決定和安排，這種時間是不可管理的，你所能做的只能是盡量減少要應付的時間。

對於可支配的時間，就可以根據情況來調整分配，充分利用。對於商人而言，善於安排可支配的時間是非常重要的。

用金錢買時間，用智慧換效率。猶太商人總是能打破思惟的方式，做出些與眾不同的事情。真正懂得時間價值的是猶太商人，「時間也是商品」，是猶太人做生意時的招牌格言。就像人們日常的必需品蔬菜，在非當季時的價格，會高於盛產季節數倍。為什麼會出現如此大的落差呢？這顯然是「時間」的價值不同。

一個企業經營效益的高低，與其經營費用的高低息息相關。根據許多企業核算，其經營費用中有七○％左右，是花費在佔用資金的利息上。如一個企業一年的營業額有十億美元，其資金年周轉率為兩次，言下之意，該企業每年佔用資金是五億美元。

如按通常的銀行利息十二％（年息）計算，一年共支付利息達六千萬美元。如果該企業能把握一切時間和進行有效管理，使資金周轉達到一年四次，那麼，其支付的利息就可節省三千萬美元，換句話說，該企業就可多盈利三千萬美元了，除此之外，加快貨物購入和銷出，加快貨款的催收等，都能增加時間的價值。

南非首富巴奈・巴納特剛到倫敦時，是一個一文不名的窮小子，他帶了四十箱雪茄到了南非，用雪茄做抵押，獲得了一些鑽石，在短短的幾年中，他成了一個富有的鑽石商人，同時也是從事礦藏買賣的經紀人。

巴納特的盈利有一個週期變化的規律，就是每個星期六是他獲利最多的日子。這個祕訣就在於，他聰明地運用了一個時間差的策略。因為星期六這天，銀行中午就停止營業，巴納特便可以用空頭支票購買鑽石，然後在星期一銀行開門之前，將鑽石售出，用所得現金存入自己支票存款的帳戶，但只存入足夠兌付他星期六開出支票的金額，多出來的現金，就留在自己的口袋裡。

巴納特利用銀行停業的一天多時間，拖延付款，在沒有侵犯任何人合法權益的前提下，調動了遠比他實際擁有的資金還多的資金，等於是利用時間做本錢的生意。

機遇：決定命運的瞬間裁判

日光之下，快跑的未必能贏，力戰的未必得勝，
聰明的未必得糧食，機智的未必得資財，
靈巧的未必得喜悅；眾人所得到的，只是當下的機會。

——《塔木德》

抓住了時機，就可以在很短的時間裡，不費太多力氣獲得成功，而失去了機會，注定讓自己費再多力氣，也無法成功。

機遇往往在瞬間就決定了人生和事業的命運，抓住了機遇，就徹底改變了自己的命運前途。機遇，是決定命運的瞬間裁判。

猶太拉比告誡人們：「抓住好機會，無論它多麼微不足道；伸手把它抓住，不要讓它溜掉。」

伯納德．巴魯克是著名的美國猶太企業家、政治家和哲人，二十多歲就已經成為人盡皆知的百萬富翁；同時，在政壇上也鵬程萬里，呼風喚雨，從而贏得事業、權力的豐收。

一九一六年，他被總統威爾遜任命為「國防委員會」顧問和「原料礦物和金屬管理委員會」主席。事隔不久又被政府任命為「軍火工業委員會」主席。一九四六年，巴魯克的政績又躍上一個新臺階，

他有幸成為美國駐聯合國原子能委員會的代表，在七十多歲的高齡時，雄風仍不減。

當年，他曾提出過建立一個以控制原子能的使用，和檢查所有原子能設施的國際權威的著名計畫——巴魯克計畫。

和別的猶太商人一樣，巴魯克在創業時也歷盡千辛萬苦，正因為他擁有洞悉情勢和因果關係的眼光，在常人看來是風馬牛不相及的事情，巴魯克卻發現它們之間存在著潛在的因果關係，從這種因果關係中找到一夜致富的契機。

一八九九年，即巴魯克二十八歲那年的七月三日晚上，巴魯克在家裡忽然聽到廣播裡傳來消息說，聯邦政府的海軍在聖地牙哥將西班牙艦隊消滅。這意味著很久以前爆發的美西戰爭，即將告一段落。

七月三日，這天正好是星期天，第二天即七月四日，也就是星期一，一般而言，證券交易所在星期一不營業，但私人的交易所則依舊工作。巴魯克馬上意識到，如果他能在黎明前，趕到自己的辦公室，大量買進這些受到戰爭影響的股票，那麼，他就能賺一筆大財。

在十九世紀末，唯一能跑長途的只有火車，但火車晚上不運行。在這種讓人焦急的情況之下，巴魯克不惜成本，到火車站私人承包了一列專車，火速趕到自己的辦公室，做了幾筆讓人吃驚的賺大錢生意。

利潤是上帝對敢冒險的勇士最高的嘉獎，不敢冒險的人，永遠沒有福氣接受上帝恩賜的財富。

綜觀歷史，猶太大亨們個個都經歷過了各種各樣的風險，他們在險惡的驚濤駭浪中求生求勝，享受了一場又一場危險的遊戲快感。商場從來不是平靜的港口，那些不敢冒險的人，就算上天給他們成為富翁的機會，他們也不敢接受。

有不少成功的商人，在別人問到他有什麼成功的祕訣時，會說這一句話：「我運氣好。」生意場上果真有運氣嗎？如果有的話呢？這種運氣是從哪裡來的呢？是命中注定的，還是偶然碰上的呢？

我們先來看這樣一個例子：

在十九世紀五〇年代，加州一帶曾出現過一次淘金熱。年輕的猶太人列瓦伊・斯特勞斯聽說這件事趕去的時候，為時已晚，從沙裡淘金的活動已到了尾聲。

他隨身帶了一大捲斜紋布，本想賣給製作帳篷的商人，賺點錢作為創業的資本，誰知到了那裡才發現，人們早就不需要帳篷，卻需要結實耐穿的褲子，因為人們整天和泥水打交道，褲子壞得特別快。

他腦筋動得快，就把自己帶來的斜紋布，全做成耐用耐穿的褲子，於是，世界上第一條牛仔褲誕生了。

後來，列瓦伊・斯特勞斯又在褲子的口袋旁裝上銅鈕釦，以增強褲子口袋的強度。此後，列瓦伊・斯特勞斯開始大量生產這種新穎的褲子，銷路極好，引得其他服裝商競相模仿，但是列瓦伊・斯特勞斯的銷售額仍一直獨佔鰲頭，每年大約能售出一百多萬條這樣的褲子，營業額高達五千萬美元。

看來，生意場上的確有運氣存在，列瓦伊・斯特勞斯用斜紋布做褲子的時候，不會想到這種用斜紋布做成的褲子會被人叫做「牛仔褲」，也不會想到這種牛仔褲會造成服裝界的革命，更不會想到在二十世紀六〇年代大行其道，甚至成為那個叛逆時代的精神象徵。

這是什麼？這就是運氣。生意場上有運氣，但不是任何人都能撞上。那麼，哪些人能掌握這些運氣呢？或者說，運氣是屬於哪些人的呢？答案是：運氣屬於有勇氣的人。

有一個例子，說的是金融巨頭安德烈・邁耶的故事。

邁耶本來是一個生活艱辛的巴黎印刷推銷員的兒子，為了養家餬口，一九一四年他十六歲時離開學校後，就成為巴黎證券交易所的一名送信員。

這年夏天，邁耶撞上了他的第一次好運，他的姊夫受僱於巴黎的一家小銀行——鮑爾父子銀行。世界第一次大戰爆發後，他的姊夫被徵召入伍了，邁耶趁機申請並獲得了這個空缺職位。這不僅使他從此闖入了銀行界，而且由於戰爭造成的金融人員大量流失，使他在十六歲時，就得以快速學習這個行業所有的專業知識。

很快地，鮑爾銀行有個精明年輕人的名聲，從此在業界中傳開來了。

一九二五年，法國金融界聲譽很好的「拉紮爾兄弟銀行」的老闆大衛・韋爾，看上了安德烈・邁耶，認為邁耶是個可造之材。

這年邁耶二十七歲，大衛・韋爾問他，是否願意加入拉紮爾？邁耶很感興趣，但他有一個問題：「我多久才能成為合夥人？」大衛・韋爾未置可否，邁耶也就婉拒了這個邀請。

過了一年，大衛・韋爾重提此事，並提出一個建議：邁耶可以有一年的試用期，如果他的表現有大衛・韋爾想像的那麼出色，那麼一年後邁耶就可以成為合夥人，反之，邁耶就得離開拉紮爾。這次邁耶立即接受了。

一九二七年，邁耶如願以償地成為拉紮爾的合夥人，但是，邁耶並沒有滿足於這個成就，他的理想是成為一名真正有實權和成就感的銀行家，為公司出謀畫策、安排交易、籌措款項，同時為銀行尋找有利可圖的投資機會。

一九二八年，邁耶的運氣來了，拉紮爾在這年成為雪鐵龍汽車公司的主要股份持有者。當時，雪鐵龍公司首次向法國汽車工業引進了汽車貸款的辦法，這種辦法是通過雪鐵龍的一家子公司——汽車金融公司，法文簡稱為「索瓦克」。

但是，雪鐵龍的老闆只把「索瓦克」當作他的汽車促銷工具。而邁耶馬上想到了「索瓦克」更多的用途，比如分期付款買電器，甚至房地產等等，他建議由拉紮爾聯合另外兩家銀行買下「索瓦克」，把它變成一個利基更寬的消費金融公司。

雪鐵龍的老闆認為邁耶的建議，對他沒有壞處只有好處，索瓦克將繼續銷售雪鐵龍汽車，不銷售其他汽車，此外，還將從事其他領域的業務。

「索瓦克」的轉手，使雪鐵龍不必再為開辦這家相當於銀行的公司提供資金，這對於資金來源相當吃緊的雪鐵龍來說，是備受歡迎之舉。就在「索瓦克」成立之年，邁耶成功地策畫了他的第一筆大買賣。

邁耶四處活動，他的眼光很高，想找兩家最強有力的合夥者，最後找到了兩家，一家是「商業投資托拉斯」，是當時全美最大的消費金融公司之一。另一家是「摩根集團」，是世界上最負盛名的私人銀行。兩家都答應購買一三%的股份。

合作夥伴找到了，接下來就是尋求使用「索瓦克」作為銷售通路的產業客戶，他立刻就與著名的電器製造公司凱爾文‧耐特簽訂了代銷合約。就這樣「索瓦克」開始運作，它給投資者帶來了源源不斷的驚人利潤，即使在經濟大蕭條時期依然如此，時至今日，它仍財源不斷，勢力強大。

「索瓦克」的成功，讓金融界知道，邁耶是一位有實力的銀行家，他不僅能想出一個宏大的構想，而且還能實現它。

由此看來，「命運」與「運氣」的含義的確大不相同，「命運」講的是先天的條件，這部分是人無法改變或掌控的。

「運氣」講的是選擇，是對自己人生道路的抉擇。運氣可以是偶然的，但誰能抓住這撞上門的「運氣」，就不是偶然了。

因此，我們可以下結論說，運氣也是自己爭來的，安德烈‧邁耶的成功正說明了這一點。

藏在資訊裡的錢

即使是風，也要嗅一嗅它的味道，你就可以知道它的來歷。

——《塔木德》

在這個時代，掌握資訊就是掌握金錢，重視資訊可以讓你成功。資訊是這個時代的決定性力量，及時擁有資訊的人，就等於擁有了財富。猶太人似乎很早就懂得了這個關係，他們知道資訊的重要性，並很早就開始利用資訊賺錢了。在猶太人的語言「希伯來語」中，資訊往往和「經營活動」是同一個意思，也許是受到了這一意思的啟示，猶太大亨們將資訊看得無比重要。

亞默爾肉類加工的老闆菲普力．亞默爾習慣天天看報紙，雖然生意繁忙，但他每天早上到了辦公室，就會看秘書給他送來的當天各種報刊。一八七五年初春的一個上午，他像平時一樣細心地翻閱報紙，一條不顯眼的小報導，把他的目光牢牢吸住了——墨西哥被懷疑有瘟疫。

亞默爾眼睛一亮，心想若墨西哥發生了瘟疫，很快會傳到加州、德州，而加州和德州的畜牧業是北美肉類主要的供應基地，一旦這裡發生瘟疫，全國的肉類供應就會立即吃緊起來，肉價肯定飛漲。

他立即派人到墨西哥去實地調查，幾天後，調查人員回報，證實了這一消息的準確性。

亞默爾放下電報，立即集中大量資金，收購加州和德州的牛和豬，運到離加州和德州較遠的東部飼養著。兩、三個星期後，瘟疫就從墨西哥傳染到聯邦西部的幾個州。

聯邦政府立即下令嚴禁從這幾個州外運食品，北美市場一下子肉類奇缺、價格暴漲。

亞默爾及時把囤積在東部的牛和豬高價出售。短短的三個月時間，他淨賺了九百萬美元。

亞默爾的成功不是偶然的，這是他長期看報紙、研究資訊的結果。他手下有幾位專門為他蒐集資訊的人，他們的文化素質都很高，善於分析情報，也都有管理經驗。

他們每天把美國、英國、日本等世界幾十份主要報紙收集起來，看完後，再將每份報紙的資料一一分類，並且對這些資訊作出評價，最後才由祕書送到辦公室。若他覺得某條資訊有價值，就和他們共同研究這些資訊，使他在商場上，由於資訊準確而屢創佳績。

另一位猶太巨富羅斯查爾德的第三子尼桑，因重視資訊，僅僅在幾小時之內，便賺了幾百萬英鎊。

一八一五年六月二十日，一大早，倫敦證券交易所便充滿了緊張氣氛。因為，昨天英國和法國展開了決定兩國命運的戰役——滑鐵盧之戰。毫無疑問地，如果英國獲勝，英國政府的公債將會暴漲；反之法軍獲勝，英國的公債必是一落千丈。此時，每一位投資者都明白，只要能比別人早知道哪方會獲勝，哪怕半小時、十分鐘，甚至幾分鐘也可以大撈一筆，然而，戰事遠在比利時首都布魯塞爾，當時還沒有無線電，沒有鐵路，主要靠快馬傳遞資訊。對方的主帥是赫赫有名的拿破崙，前幾次的幾場戰鬥，英國均吃了敗仗，英國獲勝的希望不大。

這時，大家都在看尼桑的一舉一動，而他還是習慣地靠著廳裡的一根柱子，大家已經把這根柱子叫做「羅斯查爾德之柱」了。

這時，尼桑面無表情地靠在「羅斯查爾德之柱」上，突然間，他開始賣出英國公債了。

「尼桑賣了！」這消息馬上傳遍了交易所，所有人毫不猶豫地跟進，瞬間英國公債暴跌，尼桑繼續拋出手上的持股。

公債的價格跌得不能再跌時，尼桑突然開始大量買進。

「這是怎麼回事？尼桑到底在玩什麼花樣？」大家紛紛交頭接耳。

這時，官方宣布了英軍大勝的捷報，交易所又是一陣大亂，公債價格又暴漲，而此時的尼桑，已經悠然自得地靠在柱子上，欣賞這亂哄哄的場景，因為，他早已經趁機狠狠地發了一筆大財。

尼桑怎麼敢這麼大膽買賣？萬一英軍戰敗，他不是要大大地損失了嗎？

原來，羅斯查爾德共有五個兒子，他們遍布西歐的各個主要國家，他們非常重視資訊，認為資訊和情報就是家族繁榮的命脈，所以他們花重金建立了橫跨整個歐洲的情報網，並且花大錢買了當時最快最新的電報設備來傳遞訊息，從有關商務資訊到社會熱門話題無一遺漏，而且情報的準確性和傳遞速度，都超過英國政府的驛站和情報網。因此，人們稱他是「無所不知的羅斯查爾德」。

正因為他有了這麼高效率的情報通訊網，才使尼桑比英國政府搶先一步獲得滑鐵盧的戰況。這個搶先一步發大財的故事，足以說明情報和資訊對於生意人的重要性。

成功，從改變自己開始

最值得依賴的朋友在鏡子裡，那就是你自己。

——《塔木德》

任何人都想得到別人的幫助，尤其是面臨困難和危險時，我們總會想：要是有人幫我一把有多好。於是，我們總是寄望於別人，特別是自己的朋友，但實際上，朋友再好也僅僅是朋友，他的心裡想什麼，你只能去揣測，而絕對不會受你的左右，而至於那些沒有深交的普通朋友，就更別指望了。

大部分人是有善心的，但不是每個人都是捨身救你的菩薩，所以，自己不努力而寄希望於他人，就等於是看人臉色的寄生蟲；與其將希望寄託在別人身上，不如從自己開始，掌握自己的人生。

但，人的天性就是對別人的過失很敏感，對自己卻異常寬容，有時甚至會強詞奪理，巧言辯護。

《塔木德》有這樣一段耐人尋味的話：

「人們很介意他人身上一小點的皮膚病，卻看不見自己身上已潰爛發臭的重病身軀。」

「人有兩個耳朵一張嘴，就是要人凡事應多做少說。」

同時，《塔木德》也這樣比喻領導者：

「身體從頭開始。」

「沒有船長的船，就如同沒有舵，全然不知方向。」

「能以微笑面對別人責難的人，才是領袖之才。」

人首先要要求自己，然後才可以要求別人。路要自己去闖，才真正算是走自己的路。自己不走，叫別人走，是毫無道理的；而踩著別人的腳後跟走，其實是替別人走路。

猶太人有著凡事從自己做起，善於自我反省，慎獨自律的傳統。作為上帝的「特選子民」，他們以信守合約、遵守法律著稱。在商業活動中，猶太商人嚴格遵守契約合同，哪怕只是口頭約定。

在他們看來，既然雙方達成了某種一致，就應該一絲不苟地去執行。也就是說，不管如何，都要求自己遵照契約的約定，來履行自己的義務和享用自己的權利。他們相信，只有從自己做起，從自己這方面去執行合約，才符合上帝對「特選子民」的要求。

有個拉比，品行高潔，親切仁慈，對神虔敬，做事審慎，因此他成為受人景仰愛戴的人。

這位拉比過了八十歲後的某一天，身體突然一下子開始變得虛弱了，並很快地衰老下去，他知道，自己的死期將近，便把所有的弟子叫到床邊。

弟子到齊了之後，拉比卻開始哭了，弟子問道：「老師為什麼哭呢？難道您有忘記讀書的一天嗎？有過因疏忽而誤導學生嗎？有過沒有行善的一天嗎？您是這個國家中最受尊敬的人，最篤敬神的人也是您，並且您對像政治那樣骯髒的世界，從沒有插過一次手，照理說，老師您沒有任何哭的理由。」

拉比卻說：「正如你們說的這樣，我才哭啊！我剛剛問了自己：你讀書了嗎？你向神祈禱了嗎？你是否行善？你是否做了正當行為？對於這些問題，我都可以肯定地說是；但當我問自己，你是否有經歷過一般人的平凡生活時，我卻只能回答：沒有！所以我才哭啊！」

以後拉比們常用這則故事來勸說人們，凡事要從自己檢討起，因為，自己才是自己最好的老師。

有遠見的人，財富自動送上門

多走幾步，就會看到更多好風景。

——《塔木德》

要成為成功的商人，就要有敏鋭的心思，可以預知未來的情勢，不要眼光短淺，只貪眼前的蠅頭小利，那樣的人永遠只能跟在人們後邊，賠錢是肯定的。

縱觀歷史，預測人類的行為，顯然比預測天氣更容易。

智者切麵包時，計算十次才動刀；倘若換成愚者，即使切了十下也不會測量估算一下，因此切出來的麵包，總是大小不一或數量不對。這就是智者和愚者做事時思考模式的不同。

猶太先知常說，當我們鄰居的屋子起火時，你就必須留心自己的屋子了。

猶太人很會賺錢。賺錢，對於他們來說，簡直就是輕而易舉。其實如果你拋開這些神奇的傳說，用心想想猶太人發財的祕訣，你就知道原因是什麼了。

我們來看看北美宣傳奇才哈利小時候，是怎樣在寒冷的冬天把飲料賣掉的？

哈利十五、六歲時，在一家馬戲團做童工，負責在場內叫賣零食，但天氣寒冷，觀看的人不多，買東西吃的人更少，尤其是飲料，幾乎沒有人問津。

小哈利就想：為什麼飲料沒有人要呢？當然是人們不需要，不行，要想想，如何才能讓人們在冷天也需要飲料呢？

忽然間，他腦筋一轉，大聲喊：「來看馬戲喔！買一張票，就免費送您一包好吃的花生嘍！先買先送，送完為止！」

「竟然有這樣的好事？」

人們紛紛從四面八方靠攏過來，人愈來愈多。人們津津有味地品嘗著這些花生，這些花生比平常的花生好吃，不過愈吃愈口渴，原來是這些花生被撒上了一些鹽，不過，既然花生是免費的，而且又這麼好吃，人們也管不了，拚命吃，但吃多了口渴，人們又開始找飲料解渴。

這時，小哈利乘機推銷他的飲料，口乾舌燥的人們顧不得那麼多了，紛紛拿出錢包，購買小哈利的飲料，結果，小哈利這一天賣出去的飲料，居然等於過去一個月的銷售量。

其實，小哈利不過是運用一個小策略，比別人多看到幾步而已。

第一步：要想賣出飲料，在冬天似乎不太可能，那就必須借助其他東西作為手段，來間接實現自己的目的，於是，看看手裡的東西，就是花生了。

第二步：把花生全部撒上一點鹽，這樣花生就變鹹了，鹹花生的味道不僅香了，更重要的是，藉著鹹花生，他可以賣掉飲料了。

第三步：把鹹花生和票捆綁在一起，免費贈送給來看馬戲的人，這樣做的目的，就是吸引那些貪小便宜的人們，為自己的飲料推銷策略鋪好路。

事實上，凡事往後多看幾步，就像下棋一樣，才不會逼自己走進死胡同，同時也可讓自己發現更多的路和可能性。

現在我們再來看看，另一個猶太人富翁洛克菲勒，他是怎麼運用這些高招的？

第二次世界大戰結束後，戰勝國決定成立一個處理世界事務的組織——聯合國。這個總部必須建在繁華的大城市才好，可是，想在任何一座大城市買下一片蓋大樓的土地，都需要很大一筆資金，而剛剛起步的聯合國總部的資金很有限，各國首腦為此事傷透腦筋。

這個時候，洛克菲勒家族聽說了這件事，他們立刻宣布，願意出資八百七十萬美元在紐約買下一塊很大的地皮，並且無條件地捐贈給聯合國。

人們不禁驚訝了，花這麼多的錢買地，免費送給聯合國，洛克菲勒能有什麼好處？

可是他們並不知道，當洛克菲勒家族在買下土地捐給聯合國的時候，也買下了與這塊土地毗連的全部土地。等到聯合國大樓建起來後，四周的地價立即飆升起來。

現在，沒有人能夠算出洛克菲勒家族藉毗連聯合國的土地，賺到了多少個八百七十萬美元。

當人們了解了這個道理的時候，洛克菲勒家族已經賺進大把大把鈔票了。

這就是大亨們與眾不同的思考模式，他們的頭一、兩步棋，我們通常都猜不到他的用意，他的真實意圖總是在結局時，我們才恍然大悟，但他們已經達成目的了。

你能看到未來的發展有多遠，那你的成功就有多大。

猶太人巨富吉威特，也有超乎常人的遠見。當一件事尚未來臨，他便能預見它將在何時發生。這個先見之明，可以說是他事業成功的關鍵。

自從一九三〇年以來，吉威特對每十年來臨一次的時代新浪潮，都能十分準確地把握，而且把它聯繫在自己的事業上。

三〇年代：在這個不景氣的年代（經濟危機），大多數的土木建築業者都無事可做，但吉威特卻預見公共投資不久將復甦，於是盡全力去做準備。

四〇年代：他預見有關防禦方面的工程，尤其是空軍基地等軍事建築將增多。

五〇年代：他預見高速公路及飛彈基地時代將來臨。

六〇年代：他預見都市交通網將有大的發展。

就這樣，吉威特每次都把時代潮流帶來的建設需求，事先就把握住了。他的這種先見之明，奠定了吉威特王國的基礎。

如果你也是一個經商的人，那麼你在籌畫大局的時候，就應該問問自己：我目前只想到第幾步？

別看到黑影就亂開槍

匆匆忙忙地完成一件事，結果總要失敗。

——《塔木德》

《塔木德》中記載了這樣一個故事：

拉比看見一個人行色匆匆地趕路，便把他叫住，問：「你在急什麼呢？」

「我要趕著追上成功。」這個人氣喘吁吁地回答。

「你怎麼知道成功就在你前面呢？」

拉比繼續說：「你拚命往前跑，一心一意只想追求成功，可是你怎麼不看看四周呢？問問自己要的成功究竟在哪兒？也許它正在你後面追趕你呢？事實上，只要你靜下心來，它就能與你會合，可是你卻愈跑愈快，反而逃離了自己的成功啊！」

人生有時候真該靜下心想想，自己在做什麼？做這些事的意義到底是什麼？

我們經常是開始時，知道自己在做什麼，可是真正做下去的時候，早就把自己當初的目標忘光了，只是本能地要拚命工作，讓我們背負著沉重的工作壓力，卻不知道為何而工作？於是人生很多很美好的事情，反而變成很可惡又煩人的事情。

作為一個成功商人，需要處理很多事情，必須讓自己的心靜下來，去想想一些本質性的東西。例如反思一下最近的工作和活動，想想目前的這種狀況是怎麼發生的，它處於發展的什麼階段。這些階段需要處理的事情是什麼？主要的問題癥結在什麼地方？從哪裡下手才能兼顧其他方面的事情？進而做出一個合理的安排，也不至於沒有頭腦盲目地亂做一團，那樣只是愈做愈忙。

猶太拉比說：冷靜思考，比行動還重要。

現代人生活很緊張，有很多人常常為了努力工作，而逐漸遠離本來應該擁有的生活。猶太人認為，乍見之下，忙碌似乎是一種美德，其實不然，盲目地忙碌，也代表你這個人做事沒有效率。

在猶太人心中，工作對人生是有益的，但是如果一個人只知道工作，而不知道休息的話，他們就會失去人生的意義。

有一位猶太拉比，戴著一個背面鐫刻著「愛惜光陰」四個字的手錶，他把這個錶拿給學生們看，學生們不以為然，認為這根本就是俗套，毫無新奇之處。

拉比對學生的無動於衷很驚訝，他慢慢地說：「有一句俗話說『時間就是金錢』，這句話並不對，因為它讓人產生誤會。假如說時間就是金錢的話，我們就只能被金錢所累，被時間所驅使。因為我們對錢的欲望是無限的，但時間卻是有限，用有限的時間去追逐無限的金錢，我們就永遠不能成功，只能受到時間和金錢的雙重壓迫，而變得焦慮。金錢可以增值生息，而時間卻永遠不會增加，你不抓住就意味著你將永遠失去它。」

「時間就是金錢」這句話應改為「時間就是生命」，或者「時間就是人生」，我們不該做時間的奴隸，而要做時間的主人，從而做生命的主人。

可是實際上，我們又有多少人知道時間的寶貴呢？小孩基本上沒有時間觀念，因為，他們的生命才剛剛開始，總覺得時間還很多，幾乎沒有盡頭。等他長大後，他才真正知道時間的重要，於是，便開始了與時間的賽跑，可是，與時間賽跑，就像馬在逆風中奔跑一樣，永遠都跑不快，永遠跑不過時間。

當我們感嘆人生庸碌、一事無成時，時間卻如流水已沖走過半，人生不可重來，對時間的損失，我們永遠無法補償。

人與動物不同之處在於，人們懂得時間的有限性和不可重複性。說到底，時間觀就是我們人生觀的核心。你有什麼樣的時間觀，就會有什麼樣的人生價值觀；智者應該思索怎樣去安排時間，去駕馭時間，如何在有限的生命中，去創造最有價值的人生，這才是生命有限的人類，要去思考及挑戰的難題。

猶太人說：「人若不去享受神賦予的快樂，是一種罪惡；但如果過分享樂，同樣是一種罪惡。」

享用神賜的安息日

會享受生活的人，才能夠更好地去創造生活。

——《塔木德》

現代社會是一個忙碌的社會。在日出日落沒有盡頭的日子裡，人們不停地奔波勞累，就像一台永遠無法停息的機器。而那些事業有成的人們，就更沒有休息的時間了，他們就像永不鬆懈的發條，為了自己的夢想或利益而不停奔跑；他們的生命在奔忙中耗散，而他們的精神，也在殘酷的競爭和快節奏的生活中愈來愈弱，以至麻木或崩潰。這就是現代社會中芸芸眾生的困境。

到底是什麼東西綁住了我們？是什麼東西壓在我們的心頭？或許是利益，或許是出人頭地的強烈欲望，但是，想過沒有，這些利益和欲望的源頭就是我們自己。

猶太人自我解壓的要訣就是：懂得如何休息和保養健康；猶太人的精明在於，他們懂得如何來計算少休息幾年與多休息幾年的利弊，同時，懂得用享受生活和徹底放鬆，來維護自己的健康。

首先，猶太人非常注重吃，他們認為吃得好，身體自然也健康，只要不過分，這是符合保健原則的，因此，一個正確的健康觀念很重要。

健康是猶太商人的本錢，這是因為猶太人自從幾千年前被羅馬人趕出家園後，就浪跡天涯，幾乎沒有存身之處，到處都受歧視。在這樣惡劣的環境裡，他們始終沒有倒下而斷絕了種族，即使是在第二次世界大戰期間的空前災難中，猶太人一下子被屠殺了六百多萬，但剩下的猶太人又生存了下來。這就是因為他們懂得怎樣保護自己，怎樣保持自己的身體健康。

猶太人大部分是商人，商人和普通人相比，有一個特點就是忙，他們工作幾乎沒有什麼定時，隨時都有事，只要他願意，可以做的工作一輩子也做不完。然而，工作耽擱了，錢就減少，猶太人絕不浪費一分鐘時間，但是，對於猶太人來說身體健康是根本，而身體健康最需要的，就是休息。

休息和工作相衝突，怎麼辦？猶太人會毫不猶豫選擇休息。假如你不理解，可以向猶太人發問：「你們工作一小時可賺錢五十美元，如果每天休息一小時，一個月就少賺一千五百美元，一年就少賺一萬八千元以上，值得嗎？」

猶太人會比你算得更快：假如一天工作八小時不休息，一天可賺四百美元，那我的壽命將減少五年，按每年收入十二萬元計算，五年我將減少六十萬美元收入，假如我每天休息一小時，那我除損失每天一小時五十美元外，將得到五年每天七小時工作所賺的錢，現在我六十歲，假設我按時休息可活十年，我只損失十五萬美元，你算算，十五萬和六十萬哪一個多呢？

猶太人在每週的星期五晚上，到星期六的傍晚為止，禁菸、禁酒，一切雜念都拋到九霄雲外，一心一意地休息和向神祈禱。據說，紐約每逢此時，街上來往的汽車就會比平常減少了一半。

這段時間，猶太人的商業活動也似乎處於停止狀態，事實上，他們正是在運用這段時間來凝聚力量和恢復元氣，準備投入下一場生意的戰鬥中。

星期六的晚上，猶太人則盡情享受，過一個開心的週末。

不會休息的人，是愚蠢的人。連視錢如命的猶太人也願意放棄錢來休息，而那些不為錢所束縛的人們，為什麼不保護一下自己的生命，在工作之餘找點時間休息？

猶太人從週五日落到週六日落的時間是休息日，這是《聖經》上規定的休息日，《聖經・創世紀》上說，神造物用了六天時間，所以到了第七天就要停止一切工作。神賜福給第七日，也就是聖日，在這一天，絕對不能工作，因為神停止了他的一切工作，就安息了。

所以這一天是放假的日子，這一天不可談論有關工作的事，不可思考有關工作的問題，不可閱讀有關工作的書，當然，也不可從事有關工作的計算，甚至連煮飯做菜都在禁止之列，所以人們只要把星期五的日落之前，做好的飯菜放在爐子上，等到晚上要吃時，就用火熱一下，就可以不用挨餓。

這一天是真正神聖的日子，也是真正放假的日子。這一天到來之前，婦女們早已把家中的桌、椅擦得乾乾淨淨，銀器更是光彩奪目，並且為準備食物大費工夫。

每個注重傳統的猶太家庭，每週都有一個快樂的日子。安息日降臨時，所有的猶太人都受到主的恩惠，臉上散發聖潔的光輝。

《聖經》是這樣記載的：「世界本是一片黑暗，上帝耶和華就開始創世。」

第一天，上帝說：「要有光！」於是，光就出現了，光把一天分為白天和黑夜。第二天，上帝造出了天空，用空氣分出了天上的雨和地上的河海湖池。第三天，上帝讓天下之水匯聚成海，並且露出陸地。第四天，上帝創造了太陽、月亮和星辰，確定了年、月、日。第五天，上帝造出了各種魚類和鳥類，世界於是充滿了生機。第六天，上帝造出了牲畜、昆蟲和野獸，還根據自己的形象造出了人。第七天，萬物都已經造齊，便休息了，這一天就是安息日。

安息日是指星期五的日落，到星期六日落之間的二十四小時。在這期間，人們不得做任何事情，這是一個完全休假的日子。信奉猶太教的猶太人嚴格遵守這一規定，對他們而言，遵守上帝耶和華的命令，是一個猶太教徒應該盡的義務。

在這一天，所有的人都必須休息，無論是以色列人還是外邦人，無論是主人還是僕人，乃至牲畜，都不得在這一天工作。由於《聖經》中多處強調要遵守安息日，所以虔誠的教徒們把它視為一個神聖的日子。他們說，安息日是身體休息和放鬆的一天，也應該是精神生活充實、愉悅的一天。

俗話說：「不會休息，就不會工作。」那些不重視休閒生活的人，總是以工作太忙，抽不出時間為由來自欺欺人。實際上不走出辦公室，是無法體會到海邊沙灘日光浴，或去爬山所能享受到的大自然的風情，對消除身體疲勞的好處，為了多加班傷身，而因小失大，反而是不智的。

有一個猶太謎語這樣說：

有人問：「拉比，你無所不知，無所不能，那麼請你告訴我，如果天上樂園裡的亞當徹夜不歸，但他第二天早上回來時，夏娃該怎麼辦呢？」

答案是：「夏娃會算一算亞當的肋骨剩幾根。」

在戀愛中，男人追求女人，就是因為男人一心想取回屬於自己失去的那根肋骨，而女人也渴望回到她所誕生的地方。這兩種神奇的力量互相吸引，便有了男女的結合。

基於這樣的觀念，猶太人對自己的妻子很好，最典型的一個例子，就是每當安息日到來的時候，男人就會唱聖歌來讚美自己的妻子，這也是他們的家庭組織很穩固的原因。

致富是可以後天教出來的

人的能力不是天生的，是從小培養的。

——《塔木德》

猶太人裡面巨賈富商輩出，猶如天上的星辰一樣多，這除了他們自身的努力和勤奮外，還與他們早期的家庭教育和宗教薰陶是分不開的。

猶太人從小就注重財富的教育，尤其是對於教育的投資更是世界聞名的，他們會給剛滿周歲的小孩送股票，這是他們民族的慣例。尤其是今天聚集在北美的猶太人更是這樣。

小孩三歲的時候，他們的父母就開始教他們辨認硬幣和紙幣；五歲的時候，讓他們知道錢幣可以購買任何他們想要的東西，並且告訴他們錢是怎樣來的；七歲的時候，能看懂價格的標籤，以培養他們「錢能換物」的理財觀念；八歲的時候，教他們可以去打工賺錢，把錢儲存在銀行的帳戶裡；十歲的時候，懂得每週節儉一點錢，以備大筆開支使用；十一歲至十二歲的時候，知道從電視廣告裡發現事實的真相，看穿廣告包裝的假象；設定並執行兩週以上的開銷計畫，懂得正確使用銀行業務的術語。

這樣，他們很小就知道金融等方面的知識，稍大他們就對金融業的運作模式很了解了。這也許就是為什麼猶太人在金融業佔有優勢的原因，他們一直壟斷著世界的金融行業，和他們從小就對錢很敏感的這種特質，有著很大的關係，難怪人們都說猶太人是「天生的金融家」。

人們還說，猶太人是天生就會做生意，這句話也不是沒有道理的，在那些猶太人大亨的早年，很多人都知道怎麼賺錢。著名的石油大王洛克菲勒從小就接受了財富的教育。

洛克菲勒出生於一個典型的猶太家庭裡，他的父親身為一個猶太人，經常用他們猶太人的教育方式，教導他的幾個孩子。

他的父親從他四、五歲的時候就讓他幫媽媽提水、拿咖啡杯，然後給他一些零用錢。他們還把各種勞動都標上了價格：打掃十坪的室內可以得到半美元，打掃十坪的室外可以得到一美元，為父母做早餐得到十二美元。

他們再大點的時候，他的父親就不給他零用錢了，只告訴他，如果想花錢，就自己去賺。於是他到了父親的農場幫父親打工，幫父親擠一頭奶牛，出去送貨，包括拿個牛奶桶，算帳，他們把每一個細節都標準化，他把自己為父親做了多少事，都記錄在自己的記帳本上，到了月底，就和父親結算，每到這個時候，父子兩個就對帳本上的每一個工作項目，開始討價還價，他們經常也會為一點小錢而吵了起來。

洛克菲勒六歲的時候，看到有一隻火雞在馬路上閒晃，過了很長的時間，也沒有人來找，於是他捉了那隻火雞，把牠賣給了附近的農民鄰居。他的母親是一位虔誠的教徒，認為這樣是褻瀆了神靈，而他父親卻認為這是一個好現象，認為他有做商人的特質，而對他大加讚賞。

有了這次經歷，洛克菲勒膽子大了起來，不久，他就把從父親那裡賺來的五十美元貸給附近的農民，他們說好利息和歸還日期後，到了時間他就準時去討債，毫不含糊地收回五三．七五美元的本息。

這件事令當地的農民覺得不可思議，他們心想：「這樣的一個小孩，居然有這麼好的生意頭腦。」洛克菲勒成名之後，他也用這套教法來教育他的子女。他拒絕兒女進入他的公司，即使是他的妻子，他也極少讓她進入公司，除非有什麼急事。

有一次，他十五歲的二女兒瑪莉亞因為有事找他，去了他的辦公室，恰巧他出去辦事不在，等他回來了，知道瑪莉亞進過他的公司，他回家後，就為了這件小事而大發雷霆，把妻小臭罵了一頓。

這就是洛克菲勒式的教育方法，因為他要讓他的子女們知道，一切必須靠自己的奮鬥去得到成功，而絕不要因為他是富翁，而讓他們有任何的依靠。

在他家裡，他搞了一套逼真的虛擬市場經濟，洛克菲勒讓自己的妻子當「總經理」，而讓自己的孩子們做家務，由妻子根據每個孩子做家務的情況，給他們零用錢，他家似乎就是一個公司。

這些都培養了猶太人很早就懂得賺錢的本領。要想擁有金錢，不但要學會賺錢，同時還要學會理財和節儉，學會「開源」和「節流」兩套本領。

洛克菲勒還讓他的孩子們學著記帳，他要求孩子們在每天睡覺前，必須記下今天的每一筆開銷，無論是買玩具還是買鉛筆，都要如實地一一記錄。洛克菲勒每天晚上都要查看孩子們的紀錄，無論孩子們買什麼，他都要詢問為什麼要這些東西，讓孩子們做一個合理的解釋。

如果孩子們的紀錄清楚、真實，而且解釋得有理由，洛克菲勒覺得很滿意，那他就會獎賞孩子們五美分，如果他覺得不好就警告他們，如果再這樣，就從下次的零用錢中扣五美分。

洛克菲勒的這種詢問孩子花錢動機，但是絕對不干涉的政策，讓孩子們很高興，他們都爭著把自己記錄整齊的帳本，給父親檢查，並進一步讓父親指導什麼地方要改善。

洛克菲勒經常告訴孩子們，要學會過有節制的生活，他在廚房裡擺放了六個杯子，杯上寫著每個孩子的姓名，裡面裝的是孩子們一週用的方糖。

如果哪個孩子貪吃，吃了杯子裡的糖，那麼，等別人喝咖啡放方糖時，他只有喝苦咖啡了。如果想要得到糖，就只有下週等父母發放了。經過這樣的幾次訓練，孩子們都知道了有節制的生活是有好處的，而隨便浪費自己的東西，用完了，就只有等著嘗苦味了。

猶太人這些有關財富的教育，讓他們很早就知道怎麼投資，怎樣獲得財富，怎樣理財，這些教育都為他們日後的成功，立下了重要的基礎。再看看別的民族的孩子們，在這個時候，他們的父母卻在教他們如何聽話，教育他們怎樣才能得到大人的歡心，做一個讓家長、老師都滿意的孩子。

為了讓他們的孩子以後也有所成就，父母送他們進音樂、繪畫班，希望他們能藉自己的一技之長，一鳴驚人。他們從小做的所有事情都被父母所管制，喜歡什麼，不喜歡什麼，都由父母決定。他們的孩子甚至很大了，還無法獨立過生活，需要人家照顧他們。

就是因為有這樣的落差，猶太人和其他民族的青少年一起開創事業時，就能展現出過人的才能和效率。

因此，想要成為富有的人，童年期的致富教育是不可缺少的。可惜的是，由於猶太民族自古就有經商的傳統，具有豐富的商業經驗，而其他的民族則缺乏這種致富的教育，這也是猶太人能成為世界商人的重要原因。

團結能讓散沙變成「金」

你是否真心敬愛神？只要看你是否愛你的朋友就知道了。你應當盡心真誠地愛你的朋友兄弟。

——《塔木德》

上帝為什麼在創世紀時，只創造了一個亞當呢？

《塔木德》是這樣解釋的：「神在開始時，為什麼僅僅創造一個人呢？因為，如果當初只創造一個人，那麼後來的子孫溯源而上，每個人都會發覺，原來大家都是來自同一個祖先；所以，也就不會有分別心和敵意了，因為大家都是從同一個亞當那裡繁衍下來的。」

猶太民族團結互助的觀念是最強大的。對於自己的同胞，猶太人是盡力幫助的，富人會盡力幫助窮人，並認為提供幫助是「富人的責任」，獲得幫助是「窮人的權利」。

在那些艱苦的歲月中，猶太人每次向國王繳納稅款時，富人往往自覺地替窮人掏腰包，猶太人養成了救濟自己同胞的習慣，哪怕是家無三餐的窮苦猶太人，也都保存著一個攢錢的小盒子，準備施捨給比他們更窮的人家。

在一些猶太社團，設有一種「吃飯日」的制度。每週不同的日子裡，窮苦的猶太學生分別到不同的猶太人家中去吃飯，以便使得這些學生能夠安心讀書。猶太社團裡一定會有慈善機構，這些慈善機構都是靠著富裕的猶太人捐助來維持的。

猶太人幫助自己的同胞，始終是盡心盡力的。富人幫助窮苦猶太人的方式，是為他提供一個禮物或貸款，或者接受他作為商業夥伴，或幫助他找到一份工作，使他今後毋須靠別人就能維生。

有位猶太拉比說：「若要測知你是否真心敬愛神，只要看你是否愛你的朋友就知道了。」

古代猶太人在神廟中有一個保密大廳，猶太人把他們的禮物祕密地放在那裡，窮人們來到這裡祕密地得到幫助，讓給予者不知道給的是誰，接受者不知道是誰給的。在施捨時，猶太人很注重對窮困的人在接受幫助時，幫他們保持尊嚴。

猶太人對自己同胞的這種團結和幫助，讓其他民族嫉妒不已，有人問猶太人為什麼要這樣幫助自己民族的人？猶太人會回答：「我們自己不幫助自己，難道還有別人幫助我們嗎？」

《塔木德》有句名言說：「誰是世界上最強的人？答案是化敵為友的人。」

猶太人認為，諒解和接受曾經傷害你的人，才是最好的待人之道，為此，猶太拉比高度讚美那些能忍受侮辱，聽到別人誹謗自己，卻不反擊的人。

《塔木德》中有一則約瑟夫接納他哥哥的故事。

約瑟夫是雅各的兒子，遭兄長嫉妒，在年少時被他的兄長賣往埃及為奴，後來做了埃及的宰相。

有一年因為饑荒，他的哥哥們到埃及尋求食物，約瑟夫見到了兄長。

當約瑟夫發現自己的哥哥們時，在眾多僕人面前終於控制不住情緒，他大聲斥喝：「所有的人都走吧！」

等眾僕人都離開了，這時約瑟夫對哥哥們說：「我是約瑟夫，我的父親還好嗎？」可是，他的哥哥們無法回答，一個個都目瞪口呆了。

接著，約瑟夫又對哥哥們說：「走近些。」

當他們走近時，他說：「我是你們的兄弟約瑟夫，你們曾經把我賣到埃及。」兄長們還是不敢相信。但是，當他們明白一切都是真的時，他們看著眼前的弟弟如此威風，權傾天下，更嚇得說不出話來了。

但是，這時他們聽到約瑟夫說：「現在，你們不要因為把我賣到這裡而感到難過，或譴責自己；那是上帝為了救我的命。才把我送到這裡來的。老家發生饑荒已經兩年了，接下來還有五年時間，所有的土地將顆粒無收，上帝把我早些送來，是為了讓你們繼續存活，以特別的方式救你們的性命，所以是上帝而不是你們把我送到這兒來的，祂使我成為法老的父親，埃及所有財產的主人，整個埃及的統治者。」

在約瑟夫的話語中，他把自己少年的苦難，看成是上帝拯救他的行為，其實是一種寬以待人、化敵為友的待人之道。今天的猶太人是十分團結的，東歐一些國家的猶太社團成員，為了消除彼此間可能存在的隔閡，在贖罪日前夕做禮拜時，往往真誠地向相遇者打招呼，說聲：「請寬恕我！」

這個時候，那個人肯定會全神貫注地聽完他的話，然後立即回答：「我寬恕你。」他也要向對方尋求寬恕。這種方式成為猶太人中一條不成文的法律，就是社團的首領和德高望重的長者也不例外。

有的時候，如果兩個猶太人誤會太深，見了面都視而不見，互相躲避，這時，與他都很熟的老人就會主動上前，使其中一方先開口，這樣做，至少會使他們平息怒氣，甚至握手言和。

在新的移民地區中，雖然猶太人沒有嚴密的組織，但是，在很多地方，猶太人自行做出了兩條不成文的規定：每週聚會一次，也許集體做禮拜，或開研討會、看電影、欣賞音樂等；在住宅的選擇上，他們也要展現集體特色，盡可能住在一起，這樣在發生意外時，可相互援助。

猶太人認為：沒有朋友的人，就如同失去手臂一樣，因此，他們把朋友分成三種：第一種朋友像麵包，這種朋友是經常需要的；第二種朋友像菜，這種朋友是偶爾需要的；最後一種朋友像疾病，這種朋友應盡量避開。

跟狗玩，難免會有跳蚤上身。

因此，《塔木德》教導人們說：「當你拯救朋友，使其脫離泥淖時，絕不可害怕自己沾上骯髒的泥巴。」

【第六章】

契約可以創造財富

【第六章】契約可以創造財富

美孚石油公司向廚具經銷商猶太人喬費爾，訂購了三萬把餐刀和叉子，交貨日期為九月一日，地點是芝加哥，喬費爾不敢怠慢，立即請廠商替他趕工。

沒想到，麻煩卻來了，廠商磨磨蹭蹭，一直不能按期交貨。喬費爾對廠商十分生氣，但是事情已經這樣了，他也沒有辦法，只有希望對方能夠快一點了。

他多次打電話催問，但是對方卻滿不在乎地說：「就算是遲點兒，你也總不至於火氣這麼大吧！」

後來廠商總算交貨了，但時間已很緊迫。

喬費爾是猶太人，信守契約精神，他知道這批貨一定會趕不及，所以只好咬牙下了個決定：讓刀叉坐飛機吧！

就這樣，他在五小時之內，將三萬把刀叉裝上飛機，九月一日，這架飛機把刀叉送到了交貨地點芝加哥。

這下，喬費爾付出了慘重的代價，因為他額外地多支出了六萬美元的航空運費，而要運送的不過是三萬把刀叉。

美孚石油公司的人知道後，只說了一句：「按期交貨，很好！」至於那昂貴的飛機運費，他們連問也沒有問。

他的同行大覺驚訝：「你瘋了嗎？喬費爾，多花六萬美元就為了三萬把破刀叉？」

喬費爾嚴肅地回答：「猶太人就是這樣，作為生意人，不管你有任何理由，都必須按照合約如期交貨，哪怕是由於別人的原因而給你造成了損失，但是你也沒有理由不如期交貨，這就是誠信法則，必須這樣做才對。」

結果，經過這次事件以後，商界都知道了這個做生意注重合約的猶太人，全世界的許多商人都來和喬費爾做生意了，於是大量的訂單如雪片般地飛到了喬費爾的辦公桌上。

當年的這點小損失讓他心疼不已，現在喬費爾卻得好好感謝那次意外給他帶來了這麼大的利潤。

與上帝簽約的民族

遵守契約，尊重契約，你的收穫將不只是尊重。

——《塔木德》

猶太教有「遵守契約的宗教」的美譽。《塔木德》被當作是「上帝與猶太人簽的約」。《塔木德》上說：「人之所以存在，是因為與上帝簽訂了存在的契約之緣故。」

猶太人遠在神話時代，就已經是重視契約的理性主義者了。在猶太人的信仰中，違反契約必遭上帝的嚴厲懲罰，相反地，若信守約定，上帝則會給予幸福的保證。

猶太人從小就接受《塔木德》的教育，深切了解恪守契約的重要性；和猶太人訂約，可以得到毋庸置疑的執行保證。

猶太人不僅自己恪守契約，也要求對方嚴格遵守，經驗告訴他們：「對別人總是仁慈地讓步，就是對自己殘忍。」

每個民族都有屬於自己的古老神話故事，而這一個故事的主角無一例外都是全知全能、威力無比的。不過，猶太人的神是上帝，那些開天闢地的神祇或英雄，在上帝面前似乎都不值一提，因為，他們只是將世界從混沌中解救出來，讓無序的世界變得有序。

這種透過上帝確定秩序、得到行為結果可預見性的過程和實例，在早期猶太人的生活中，佔據著極為突出的地位。

古希伯來民族，本身是由許多遊牧部落拼湊而成的混雜部族，他們最初是屬於諸王的傭兵或流寇，而不是在某一個地方的定居者，所以，他們一般處於依附的地位，和地主都有一種主僕關係。

據考古發現，在早期的私人信件中就記載著 HABIRU（希伯來人屬於其中的一部分）與主人立約自願為僕，主人在世期間這契約始終有效的事例，從而使猶太人的祖先在其他民族尚茹毛飲血的時代，便產生了對人類社會，尤其是經濟社會具有深遠影響的契約意識。

在希伯來人定居迦南之前，這個地方已經是各地往來必經要道，商人和商隊川流不息地從這裡經過，這裡也是各類商品的集散地。在約瑟時代，即希伯來人去埃及之前，活動於沙漠與迦南之間的希伯來部落，已進入了國際貿易的行列，參加從基列販運香料、乳香的商隊，在這段時間裡，商業合約這種形式的契約，同樣在希伯來人的腦中刻下了深深的烙印。

從定居迦南之後一直到猶太王國滅亡，猶太人又始終處於異族不斷衝突、不斷結盟的動態過程之中。這種重要性甚於商業合約，而穩定性次於商業合約的政治盟約，又一再加深了猶太人對契約的情感（積極的和消極的皆有之）和認識。

不管這形形色色的契約在性質、內容或形式上有何不同，只要是契約，就可以相當程度地使雜亂無序、變化莫測的世界得以秩序化，使人們可以根據所訂立的契約而有計畫地行動，也就是在預見到自己行為結果的基礎上做出決策。而所有這些計畫性或可預見性的前提，恰恰就是那個以語言或文字形式簽訂的契約。

換言之，世界的秩序、行為結果的可預見性，都是因為語言表述清楚並且書寫成文之後，才得以實現的。

契約對世界的發展、人的活動具有如此重大的決定作用，在猶太人的腦中，這就是呼應了：上帝之道就是世界之源，上帝之道就是秩序之源的真理；另一方面，猶太人對上帝的信奉，代表著猶太人與上帝的關係，不是一種支配與被支配的關係，而是一種契約關係。以色列人遵守上帝的律法，上帝則保護以色列人並答應讓他們在各方面超越其他民族。

然而，任何一項契約最後能否履行，行為可預見性最後能否實現，並不單純取決於締約的某一方，毀約所帶來的損失和災難，始終像一個巨大的陰影籠罩在這些早期的立約者，尤其是那些常常居於被動地位的猶太人頭上，恰如今日許多大企業的老闆，對他人的信誓旦旦也心存疑慮，隨時準備接受受騙上當的現實一樣。

這種不確定的力量，讓猶太人有一種又期待又恐懼的心理，於是，合約漸漸就轉化成類似圖騰的神聖象徵。因此，與其說上帝是與猶太人立約的神，不如說猶太人的神就是「約定」，本身不具形態的人格化。

不過，聖殿和契約也是一種圖騰的話，那麼上帝授予摩西的那張「合約書」，也就是兩塊法牌，就是屬於猶太人的圖騰了。

這種對「契約」的崇拜，在猶太人亡國流散之後，反而更加強烈了，因為歷史遭遇和對他們不友善的社會環境，使得他們對契約的依賴性更高。

猶太商人極少毀約，甚至在和有毀約習慣的民族做生意時，也很少毀約。反過來，對方即使盡了很大的努力才能履約，也得不到他們特別的稱讚，因為，履約本身始終是一件理所當然之事，既然猶太人一直履約，對方的履約又有什麼特別之處呢？

另一方面，亡國之後的猶太人散居在世界各地，對於所在國的民族來說，他們始終是一個少數民族，而且，這個少數民族用不屈不撓爭取到的經濟成就，往往成為一種文化異端（包括狹義的宗教異端）和經濟異端。

然而，意識到自己這種雙重異端身分的猶太人，願意盡自己一切力量，避免和主要民族發生衝突。所以，他們希望主要民族也給他們一個有規可循的生活範圍。習慣於遵守自己律法的猶太人，能夠同樣嚴格地遵守主要民族，甚至是征服者民族的法律，只要這種法律不和猶太人民族的根本大法相牴觸就行。

因此，猶太人甚至比當地人還守法。想當年，連毫不講理的「猶太人人頭稅」或「猶太人贖身稅」，猶太人都交了，其他生意中應交的稅款豈有偷漏的必要？猶太人有足夠的聰明才智堂堂正正地賺錢，不必靠偷稅漏稅發財；猶太人有較具體的法律條文和宗教、道德價值觀念，不屑於藉偷稅漏稅發財。然而，就是由於這樣一種文化起源和歷史遭遇，才能培育出猶太人守法的觀念，使得猶太人在今日的法治世界中，又一次佔據了優勢。

而現代意義上的契約，在商業貿易活動中叫合約，是交易各方在交易中，為了維護各自利益而簽訂的，在一定時限內必須履行的責任書，合法的合約是受法律保護的。

猶太人的經商史，可以說是一部有關契約的簽訂和履行的歷史。猶太人之所以成功的一個原因，就在於他們一旦簽訂了契約就一定執行，即使有再大的困難與風險也要自己承擔。他們相信對方也一定會嚴格執行契約的規定，因為，他們深信：我們的存在，不過是因為我們和上帝簽訂了契約，如果不履行契約，就意味著打破了神與人之間的約定，就會給人帶來災難，因為，上帝會懲罰他們。簽訂契約前可以談判，可以討價還價，也可以妥協退讓，甚至可以不簽約，這些都是我們的權利，但是一旦簽訂了契約，就要承擔自己的責任，而且要不折不扣地執行。

有一個猶太商人和雇工訂了契約，規定雇工為商人工作，每週發一次工資，但工資不是現金，而是雇工從附近的一家商店裡，領取與工資等價的物品，然後再由商店老闆和猶太商人結帳。

過了一週，雇工氣呼呼地跑到商人跟前說：「商店老闆說，不給現金就不能拿東西，所以，還是給我們現金吧！」

於是，猶太商人不疑有他，就付了現金。

雇工走後一會兒，商店老闆又跑來結帳了，說：「你的雇工已經取走了這些東西，請付錢吧！」

猶太商人一聽，給弄糊塗了，經過仔細調查，終於查出是雇工從中做了手腳，但是猶太商人還是付了商店老闆的錢，因為，只有他同時向雙方做了許諾，而商店老闆和該雇工並沒有雇傭關係。既然有了約定，就要遵守，雖然吃了虧，也只能怪自己當時疏忽輕信了雇工。

猶太人從來都不毀約，但他們卻常常在不改變契約的前提下，巧妙地變通契約，使其為自己所用。因為，在猶太人看來，在商場上的關鍵問題，不在於道德不道德，而在於合法不合法。

信守契約的生命線

契約是衡量一個人道德品質的天秤。

——《塔木德》

猶太人特別重視契約且重視聲譽，才有了良好的信用，他們的信譽就是鐵打的招牌，因為在他們看來，契約是他們競爭的優勢，如果不遵守契約就有災難，因此，他們誠實經商，不屑欺詐，遵守合約，因為誠實是最高的商法，平等的交易、公正的執行，可獲得最多的實際利益。

《聖經》上記載了上帝耶和華和猶太人之間的契約關係：上帝要猶太人作為自己的「特選之民」，猶太男人出生的第八天，就要在父母的帶領下行「割禮」（即將男子的包皮割去）以作為上帝和猶太人之間契約的證明。

他們在簽訂契約的時候，就非常講究談判的藝術，千方百計地討價還價，因為他們知道一旦簽訂了合約，就必須履行，所以他們格外小心和慎重，一定要使自己簽訂的這份合約無懈可擊，而且無論出現什麼問題都可以有挽救的機會。由於各個國家對契約的態度不一樣，所以，他們在與別人打交道的時候，總是小心謹慎，因為他們不了解對方是否會守約，因此剛開始的時候，他們不會很相信對方，也不敢相信對方。

他們最忌諱的事情就是違約，如果有人一次不遵守契約，那麼這個人終生都不可能再讓猶太人相信了。他們還會把那個違約的人告訴整個商業界，讓他的生意做不下去。

《塔木德》裡有一個故事，說明違反契約者的下場：

在很久以前，有一家人外出旅行。途中，這家人的女兒出去散步卻迷了路，正當她口渴的時候，她發現了一口水井，由於井邊沒有水桶，她只好攀著吊桶，去井裡喝水，喝完水後，卻怎麼也上不來。此時恰好有個年輕男子路過此地，聽到哭喊的聲音，便將姑娘救了上來，這個姑娘為了報答他的救命之恩，就與他私訂了終身。

兩人訂下婚約後，一時找不到合適的證婚人，恰好見到一隻黃鼠狼，於是，黃鼠狼和那口水井就成了他們的證婚人，兩人就此分別。

若干年以後，姑娘仍然痴心地等待自己未婚夫歸來，不料，那個負心人已在他鄉結了婚，生了孩子，早把山盟海誓的婚約忘得一乾二淨了。

再說那個男人，他的妻子給他生了兩個孩子，而他們的兩個孩子，有一天，其中一個在外玩耍時，竟被一隻黃鼠狼咬死了；另一個孩子，這麼巧也在井邊玩耍的時候，竟然掉進井裡淹死了。

這時候，年輕男子才想起了他和姑娘的婚約，以及當證人的黃鼠狼和水井，於是，他就和妻子離了婚，回到那個忠貞不渝的姑娘身旁。

這個故事就是猶太人告訴違約者應得的下場，任何人都不得違約，否則，就一定會遭受上天的嚴厲懲罰。猶太人在商場上最重視的就是信守自己的承諾。

日本人在這方面是深有體會的：

有一位日本商人和猶太商人簽訂了一萬箱蘑菇罐頭合約，合約規定每箱二十罐，每罐一百克，但在出貨的時候，日本人卻裝了一萬箱一百五十克的蘑菇罐頭，罐頭的重量雖然比合約多了五〇％，但是猶太商人卻拒絕收貨。

日本出口商無奈地表示，超出合約的重量不收錢，但是猶太商人還是不同意，並要求賠償，理由是日本人違反了他們簽訂的合約。

最後幾經談判，出口商無可奈何，賠了猶太商人十多萬美元，還要把這批貨物回收自行處理掉。

這件事情傳出後，各國的商人都開始「理解」猶太人這個做法的用意。一位英國律師這樣說：「從國際貿易規則和國際慣例來講，合約的精神是一項很重要的條件，英國法律把它稱為要件。合約規定的商品規格是每罐一百克，而出口商交付的卻是一百五十克，雖然重量增加了五十克，但是賣方沒有按規定條件交貨，就是違反合約。按國際慣例，猶太商人完全有權拒絕收貨並提出索賠。」

另一位熟悉市場的人士這樣分析：「事實上，猶太商人要求這樣規格的商品，是有著特殊考量的，因為他們早已調查好，包括消費者的愛好和習慣、市場供需情況、對付競爭對手的策略等。如果出口方裝運的一百五十克罐頭違反了市場消費習慣，那猶太商人是不會接受的。最簡單的就是，如果這次是一百五十克的蘑菇罐頭和一百克的蘑菇罐頭的價格一樣，那麼以後這位猶太商人的生意還怎麼做？例如說，下一次他是繼續按這個價格走，但是重量又回到了以前的一百克，消費者會怎麼看待？」

其他的商場人士也這麼推測著：「而且很可能發生的事情是，在一些進口管制比較嚴格的國家，進口申請許可證是一百克的，而實際重量是一百五十克時，就很容易遭到有關部門質疑，被懷疑是有意逃避進口管理和關稅，以少報多，是要被罰款或者被追究責任的。」

猶太人聽了哈哈大笑：「我們可沒有考慮這麼多呀！」

於是大家都被搞糊塗了，心想：「到底怎麼回事，不是這個原因，那到底是什麼原因呢？」

最後，還是一位猶太商人告訴了他們答案，原來猶太人特別重視合約，一旦建立這種契約關係，就必須遵守。在他們的傳統裡，他們和上帝是有契約的，人之所以存在是與神簽訂了契約所致，猶太人被稱為「契約之民」，他們把合約引進了生意中，並且認為合約是做生意的精髓，是神聖不可侵犯的，誰若無緣無故毀約，就是對神的褻瀆，輕慢和不尊敬神的人必會遭到神的懲罰。

因此，猶太人極為注重合約，一切買賣都篤信合約，而他們自己也從來不敢毀約。誰不履行契約，就被認為違反了神意，猶太人是絕對不會容許這樣的人存在的，他們一定會嚴格追查到底，不留任何情面。

所以，日本人雖然多給了蘑菇，但是仍然違背了合約精神，當然應該賠償了。

誠實的支柱

魚離開水就會死亡，人沒有禮儀便無法生存，
而不講誠信則會受煉獄的懲罰。

——《塔木德》

《塔木德》中這樣告誡人們：「一個人死後進入天國前，上帝會先問，你生前做買賣時是否誠實無欺？如果欺詐，將被打入地獄。」

儘管各民族皆有「經商應童叟無欺」的說法，但只有猶太人是最嚴格執行這種正直交易的民族。《塔木德》記載了許多關於誠實經商的實例，培養了猶太人誠實的商業原則。

「唯有誠實正直的經商之道，才是生存處世的最高法則。」這是猶太人從違反與上帝的契約而遭受的痛苦經驗中，深刻體會到的心得和真理。

在猶太商人作為「世界第一商人」的商旅生涯中，猶太民族與其他民族打交道最多。

在猶太人看來，誠實是支撐世界的三大支柱之一，另兩個是和平與公正。

但是，猶太人與眾不同的是，對說謊者他們不會鄙視，也不會有置之於死地而後快的報復心理，他們想到的往往是寬容與救贖；他們會抱以可憐與同情之心，因為，他們認為撒謊者失去了人性中最寶貴的東西，而且死後還要受煉獄之苦，這太可憐了。

在商業社會中，人類制定了繁雜的法律和規章制度，目的就是要消除人性中惡的因素，但是，我們卻很憂慮地看到，儘管人們可以針對制度、律法的不足，不斷地完善它、修正它，但人類永遠不能靠它來建構起人類良知善性的大廈，為此，道德作為社會中調整人與人之間、人與自然之間關係的一種內在力量，就顯得尤其重要；它儘管不能保證人人向善從善，但它卻比制度、法制有著更深刻、更基礎性的教化力量，因此，現代物質文明的高度發達卻日益呼喚著人類的道德良知，道德的力量將是永恆的。

人類道德中包含著誠信、寬容、善良之類的基本要義，猶太民族可謂是人類道德的忠實實踐者，這不但體現在他們的日常生活中，也體現在猶太商人的商業行為中。

《塔木德》這樣告誡猶太人：你們不可偷盜；不可欺騙；不可搶奪他人的財物；不可向著我起假誓，褻瀆我的名。

商業就是提供一種服務。只有誠實對待，取得別人的信任，自己才可以獲得利潤，而滿腦子只想從別人的口袋裡把錢撈走的，和詐騙及搶劫沒有什麼兩樣。誠實為經商的第一要務，這是猶太人的經商法則，他們對善於欺騙的人的態度是非常激烈的，並認為他們是不可饒恕的；猶太人認為不貪小便宜，不逃稅漏稅，做一個守法誠實的人，才是有意義的人生。

猶太先知說，世界末日早晚都會到來，當末日到來的時候，所有的人都要接受大審判，如果誰在這個世界上做了好事，他死後靈魂就會進入天堂；如果誰在生前作惡多端，那他死後，靈魂就會被打入地獄，接受煉獄之苦。

世界末日來臨時的大審判，要判斷一個人的好壞，會問五個問題，這五個問題是：

你在做生意的時候誠實嗎？

你騰出的時間學習了嗎？

你盡力工作了嗎？

你渴望得到神的救贖嗎？

你參與過智慧的爭論嗎？

我們可以看到，猶太人把做生意是否誠實、遵守信譽放在第一條，把做生意的誠實擺在學習、工作、信仰和智慧之前，可見猶太先知對誠信經商的重視程度。

最直接的事實就是，如果一個人借了別人的錢，但他又不想歸還，而又沒有其他證據證明他是借過錢的，村裡的拉比就會告訴他，你手摸《聖經》對上帝起誓說：「我沒有借過這個人的錢。」最後，九九．九％的猶太人會感到很慚愧，承認自己的罪。

《塔木德》中有個故事，就是這樣教育猶太人應該誠實，絕不可以用任何辦法，不勞而獲地得到財富：

有個拉比平日靠砍柴為生，但是為了研究《塔木德》，他決定買一頭驢來代替自己運柴，以節省時間可以看書。

拉比到了市集，從一個阿拉伯人那裡買了一頭驢回家，徒弟們一見非常高興，就把驢牽到河邊洗澡。這時，驢脖子上掉下來一顆很大的鑽石，光芒四射，徒弟們歡呼雀躍，認為這是上天賜給拉比的禮物，這樣一來，這位貧窮的拉比從此就可以不用天天砍柴，而可以專心地研讀《塔木德》了。

當徒弟們興高采烈地把這顆珍貴的寶石給拉比看的時候，拉比卻平靜地說：「我們應該把這顆鑽石還給那位阿拉伯人才對。」

徒弟們不解，拉比嚴肅地說：「我們買的是驢子，不是鑽石，我們猶太人只能拿屬於我們自己的東西。」

阿拉伯人見到徒弟們手裡的鑽石，非常驚訝地說：「你已經買了這頭驢，既然那鑽石在這頭驢的身上，那你們也就擁有了這顆鑽石了，所以，你們不必還我了，還是自己留著用吧！」

這位拉比說：「這是我們猶太人的傳統，我們只能拿支付過金錢的東西，所以，這顆鑽石必須還你。」

阿拉伯人聽後肅然起敬，說：「你們的神，必定是宇宙裡最偉大的神。」

猶太人就是這樣，經商的時候一定講究誠信，絕不用那種欺騙的手段來獲取財富，因此，猶太人從來不做詐騙的事情，更不屑於做「只要每個人上當一次，我就發財了」的生意，他們厭惡那種流寇式的搶錢策略，即使是到處被人驅趕，仍慢慢地在市場中建立起良好的商業口碑。

而且他們的商品絕少有假冒偽劣的。誠信意味著平等的交易、公平的競爭。《塔木德》中是這樣說的：「你們不可行不義，要用公道天秤、公道砝碼。」

然後他們把這種交易細節做了詳細的規定：

第一，不可有一大一小兩樣的砝碼和量器。

第二，批發商每個月清洗一次量器，小零售商一年清洗一次。

第三，小零售商要經常清洗砝碼，以其不會沾塵沙為標準。

第四，店主每週要清洗一次量器，每天清洗一次砝碼，每秤完一樣東西都擦拭一次天秤。

他們說，誠信是商人最大的本錢，所以在猶太人的生意場上，他們最看重誠信，對於不誠信的人，他們是無法原諒的。

法蘭西國王弗朗西斯一世經常患病，於是就想找個猶太醫生做他的御醫。他請羅馬帝國的統治者查爾斯五世推薦一個，查爾斯馬上派遣自己的猶太醫生到他那裡。

但是這位陛下卻是基督徒，醫生一到，他立即開始詆毀猶太教，無奈中，這位醫生只好說自己早已信奉了天主教。一聽醫生的回答，國王立即把他打發走了，告訴查爾斯說，請他再派一個真正的猶太醫生來。

雖然國王可以詆毀猶太教，但是猶太人良好的職業道德，是他們無論如何也不可缺少的。在他們看來，只有真正的猶太人才可靠、值得信賴。

信任的價值

人最大的痛苦不是被人欺騙，而是不被人信任。

——《塔木德》

在猶太人看來，取信於人是一生當中最重要的。如何做到取信於人呢？前面我們講到，誠信第一，這是取信於人的起碼要求。在猶太人的商旅生涯當中，他們遭遇過無端的打擊和歧視，也遇到過無數精心安排的謊言或圈套，但他們始終篤信上帝的教誨：遵守約定，誠實做人，死後方能升入天堂。

在商業領域裡，他們更深刻地體會到：取得別人的信任是交易順利完成的基礎。猶太人遵守約定，但他們並不是千篇一律地簽訂書面的合約，他們往往只是口頭上的承諾——非正式、非書面的協定，只要他們承認了約定，他們就會不折不扣地按照約定去行動，猶太人這種重信守約的美德，為他們贏得了極高的聲譽。

在現實的商業貿易領域中，《塔木德》規定了許多規則，嚴格禁止帶有欺騙性的宣傳或推銷手段。例如：不能刻意把奴隸裝扮起來，使其看起來更年輕、健壯，更不能把家畜塗上顏色來矇騙顧客；並且貨主有向顧客客觀介紹所賣商品的義務，如果顧客發現商品不是自己想要的，則有權要求退貨。

在英國，最有名的百貨公司是「馬克斯——斯賓塞百貨公司」，這家百貨公司是由一對親兄弟西蒙．

馬克斯和西夫·馬克斯創立的。

他們的父親米歇爾於一八八二年從俄國移居英國，最初是個小販，後來在利茲市場開了個鋪子，以後發展成連鎖廉價商店。米歇爾於一九六四年去世後，西蒙和西夫將這些連鎖商店進一步發展成資金更加雄厚、貨物更加齊全、具有類似超級市場功能的連鎖廉價購物商場。

馬克斯—斯賓塞百貨公司，雖以廉價為特色，但非常注重品質，真正做到了「價廉物美」。用一些報紙上的話來說，這家百貨公司等於引起了一場社會革命。因為原先從人們的衣服穿著上，可以區分不同的社會階層，但由於馬克斯—斯賓塞百貨公司以低廉的價格，提供品質考究的服裝，使得人們花錢不多，就可以穿得像個紳士或淑女，以貌取人的價值觀也隨之發生了動搖。

現在在英國，該公司的商標「聖米歇爾」成了一種優良品質的標記，一件「聖米歇爾」牌襯衫，是以最低的價格所能買到的最優質的商品。

馬克斯—斯賓塞百貨公司不但為顧客提供滿意的商品，還提供最好的服務。該公司售貨員的禮貌服務，在素以彬彬有禮聞名的英國成為一個典範。西蒙和西夫在挑選職員時，就像挑選所經營的商品一樣一絲不苟，這樣，真正使公司成了「購物者的天堂」。

西蒙和西夫在讓顧客滿意的同時，還做到了讓員工也滿意。他們對職工要求極高，但為員工提供的福利，在同業中也屬於最好的，員工的工資也最高，還為員工設立保健和牙病防治所。由於這些優越的條件，馬克斯—斯賓塞百貨公司被人稱為「一個私立的福利國家」。

西蒙和西夫為顧客和員工想得這麼周到，公司的經營情況又是如何呢？馬克斯—斯賓塞百貨公司，被普遍認為是國內同行業中最有效率的企業，並引來大量的投資者。

與馬克斯—斯賓塞百貨公司同樣是百貨零售企業的希爾斯．羅巴克百貨公司，採取的也是同樣的經營宗旨，甚至在照顧消費者和員工方面更有過之，更將這種福利回饋整個社會。

朱利葉斯．羅森傑爾德，是透過投資而擔任希爾斯．羅巴克公司總裁的，他是一個德國移民的兒子，曾在叔叔的百貨公司工作，後來希爾斯．羅巴克公司增資的時候，他以三七五〇〇美元的投資，約佔增資總額的一四％，進入公司董事會。

一九一〇年他擔任公司總裁，也就是公司的創立人理查德．希爾斯退休的時候，羅巴克百貨公司已成為北美最大的企業之一，每年收益五億美元。

羅森傑爾德也以價廉物美為其經營宗旨。公司銷售的商品，有許多都是企業集團自行生產的，因此成本可以降低，而品質也得到了保證，但希爾斯．羅巴克百貨公司的真正本錢，還是羅森傑爾德制定的一條規定：不滿意，可以退貨。

這條商業最高道德及最實在的服務，現在已經是許多商店的標榜，但在當時卻是聞所未聞的。羅森傑爾德就是第一個將商業信譽提升到這樣高層次的人。

希爾斯．羅巴克百貨公司以其品質、價格、信譽，還有對市場的精確預測，得到了消費者的廣泛歡迎，公司的商品目錄在羅森傑爾德逝世前已發行了四千萬冊，幾乎每個北美家庭都可以見到。觀察家認為，這一連續出版的商品目錄，幾乎構成了北美的一部社會史，從中可以看出人們審美的趣味和消費的趨勢，而這種發展中有一部分是由希爾斯・羅巴克公司預測到甚至造就的。

希爾斯・羅巴克百貨公司經營良好，盈利豐厚。羅森傑爾德最初投資三七五〇〇美元，三十年後其資產達到了一・五億美元。在這樣的財力支援下，羅森傑爾德廣泛從事慈善活動，他曾經為二十八個城市的「基督教青年聯合會」和南方的一些貧困地區，建立鄉村學校提供資助，此外，為了解決芝加哥黑人的居住問題，也出八千兩百七十萬美元蓋國宅。

另外，他還分別為芝加哥大學、芝加哥科學和工業博物館捐了五百萬美元。一九一七年，他創立了擁有三千萬美元基金的「朱利葉斯・羅森傑爾德基金會」，並規定基金的利息必須在他去世之後的二十五年內用完。

猶太商人篤信一個信條：「猶太人生活在哪裡，就應該在哪裡生根。」

他們不但誠信經商，更與非猶太人和諧相處，甚至用自己的財富去幫助猶太同胞或非猶太人，他們相信，只有以誠相待，取信於人，猶太人才會擁有朋友，而不是到處樹敵；而唯其如此，猶太民族的復興才會真正成功。

遊戲規則的魔力

你必須知道的三件事：
誰是領導者？什麼是遊戲規則？由誰來執行這些規則？
——《塔木德》

某個寒冷的冬天，一大早，牛奶店就排起了長龍一樣的隊伍，他們都要購買熱的鮮奶。大家都在按秩序排隊購買時，邁克來了，他一來就擠進了隊伍。

排在最後面的猶太青年約翰看不下去，於是想搞個小惡作劇。他跑了過去，突然一把拉下邁克的帽子，然後又回到自己原來的位置，他把胳膊放在身後，高舉帽子，笑著對邁克喊：「夥計，你的帽子都在排隊，你還不來排隊嗎？」

這就是猶太人的規則意識，他們自己不違反規則，也不容許別人隨意踐踏大家形成的規則。

人活在世上，為什麼非要有一個規則呢？

我們可以隨便找出一個事例說明：有輛擁擠的巴士進了站臺，車門打開，大家一窩蜂擠上前，車上的人們十分著急，因為上車的人擠得太厲害而使他們無法下車，而下面的人，因為車門被堵住而無法上去，無數人的腳被踩，無數人的東西被擠壞，經過很長時間的喧鬧，車才勉強開動。大家紛紛叫著、罵著，整個車站一片混亂。

在一個規則存在的車站，情況就大不一樣，所有的人都在安靜地等待，車來了，大家按照先下後上的規則，就可以有秩序地上下車，而上車的人們可以排成隊伍，按先來後到的次序上車，大家讓座給年老體衰的人，車廂裡井然有序，也不會浪費時間，這就是規則帶給人們的方便。

由於規則可以創造出井然有序的活動，提升了整個活動的效率，因此我們才需要規則。

猶太人在生活中講究規則，到了商務上，他們也同樣重視規則，典型的例子，就是猶太人在經營的時候，絕不逃稅漏稅，也極少做違法的事情。

在猶太人看來，逃稅漏稅是可恥的行為，是一件讓人痛恨的事情。猶太人說商人和國家是有規則的，國家提供了經營的條件和管理的責任，那責任的另一方商人就應該履行對國家和社會的責任：繳納賦稅。如果大家都不遵守這樣的規則，那這個國家就不可能存在。

猶太人會搞投機，但是他們的投機，都是在國家許可範圍內的，因為沒有法律明文規定的行為就不算是違法，既然沒有明文規定，那就是默認與許可，猶太人就會抓住這樣的機會。而明目張膽地犯罪，就是直接地破壞，所以，尊重規則和契約的猶太人，是絕對不會這樣做的。

在一個企業中最有效的管理，莫過於那些通用的規則和慣例，通常我們稱它為「制度」。

有一個猶太人管理一家很大的公司，但是大家看到他顯得十分輕鬆，他經常出去考察，他非常自豪地說：「我即使一年不回來，大家也會做自己的事情，公司不會出現任何問題。」

這就是規則的魅力。

鑽法律的金洞

即使是再堅固的城牆，也一定能找到缺口，人沒有完人，所以由人制定的法律和契約也不會是完美的。

——《塔木德》

世上沒有不投機的商人，但是應該在法律的規則和許可的範圍之內。在長期的法律鬥爭中，猶太人總結出來的是；再完善的法律也有無法防範的漏洞，悉心研究這些法律，鑽透這個漏洞，就有無盡的黃金流出來。

一位富翁臨終之前，身邊一個親人也沒有，他唯一的一個兒子還在遠方無法回來，只有一個奴隸在守候，於是他就立下了遺囑：「我死之後全部財產歸奴隸所有，其他人不得動用，但我兒子可任選一件物品歸他所有。」遺囑寫完之後，他就斷了氣。

兒子回來之後，見到遺囑不由得大怒：「父親怎麼會把他一輩子辛辛苦苦積攢下來的財富，全部都給了奴隸，而只給我一件物品呢？」

他百思不得其解，於是去請教村裡的拉比，拉比聽了，微微一笑，對他說：「你父親真是聰明，他給你留下了他全部的財產啊！你再好好看看你父親的遺囑吧！」

他拿起遺囑看了半天，還是不明白，拉比只好直接說：「遺囑上不是說得很清楚嗎？讓你任意選擇一件物品，你選擇了那個奴隸，不就是選擇了全部的財產嗎？這樣看起來，你的父親真是十分英明啊！」

富翁的兒子這才恍然大悟，明白了父親這樣做的良苦用心，當時父親死了，自己不在他的身邊，奴隸可能會帶著財產逃走，而連喪事也不告訴他，因此，父親才把全部財產都送給奴隸，就是為了穩住那個奴隸而讓他不能逃走，好讓自己回來再收回這筆遺產，所以才立下了這樣的遺囑。

從這則故事中可以看出，那個猶太人的遺囑就有這樣一個漏洞，雖然遺囑將所有財產都給了奴隸，但其兒子只能選擇一件物品。這裡暗含著一個前提沒有明確寫出來，奴隸不會注意到，甚至連死者的兒子也沒注意到，那就是：奴隸的全部財產都屬於主人。

這是當時社會通行的慣例，也是一個毋須說明的前提，那麼，只要前提明確了，在此前提之下的任何規則都是不成立的，這就是這個猶太人遺產合約的關鍵所在。

後來，正是在拉比的指點下，年輕人才終於解開這個謎底，既沒有違背父親的「遺囑」，又沒有違約，因為，猶太人從不違約。這實際上就是我們現在所說的鑽合約的漏洞。

其實，任何的法律和法規的條文都不是絕對嚴密的。有人甚至做過這樣的一項研究調查，只有六四%的法律是比較完善的，而懂得鑽法律條文中不嚴密之處的人，往往就有源源不斷的利潤。

這也就是為什麼猶太人在簽訂合約時，要反覆修改和斟酌，他們總是會把各種可能的情況都考慮進去，不讓對方有空隙可鑽。而猶太人的經理和老闆在做生意之前，必先向律師諮詢，看有哪些法律限制。

他們嚴格遵守這些法律的限制，但是同時也喜歡研究經濟的法規和條文。他們會讓自己的下屬和懂得法律和經濟的朋友一起研究，看看這些規定有什麼漏洞，一旦發現了這些條文有說明不清晰的，就開始想辦法鑽這些漏洞。

猶太商人歷來就有一個投機家的名聲，無論是在東方還是在西方，他們都能遊刃有餘地活動在各種機會和風險之間。他們總是敢冒天下之禁忌，積極主動，讓人防不勝防、措手不及。在驚嘆之餘，你不能不佩服猶太人的大膽和遠見。

猶太人之所以不吃牛羊的腿筋，是因為《聖經》中的一個傳說提到：

古猶太人的十二支脈，原是同父兄弟十二個祖先所傳下的血脈，而這十二兄弟的父親便是雅各。雅各年輕時曾去東方打工，後來投靠他舅舅的門下，並娶兩個表妹為妻，後來，在神的允諾下，攜妻帶子返回迦南。

在返回迦南途中的一個晚上，來了一個人，要求和雅各摔角，兩個人一直鬥到黎明。那人見自己勝不過雅各，便在他的大腿窩摸了一下，當時，雅各的大腿就扭傷了。

那人說：「天亮了，讓我走吧！」

雅各不同意，說：「你不給我祝福，我就不讓你走。」

那人便問他：「你叫什麼名字？」

雅各便把名字告訴他。

那人說：「你的名字不要再叫雅各，要叫以色列，因為你和神摔角都勝利了。」

以色列作為今日猶太人國家的名稱，其含義就是「與天神摔過角的人」。堂堂正正的上帝在和人進行比試之時，卻用不老實的小動作，這對於老是責備猶太人不守約的上帝來說，顯然不是一個值得誇耀的舉動，但猶太人為何偏偏要把這一條記在標榜上帝絕對權威的《聖經》之中呢？這是否對上帝有些不恭？

也許，古代猶太人角力之時，並沒有明文規定不可摸對方的大腿窩，上帝不過鑽了規則不清的一個漏洞罷了，而作為上帝選民的猶太人，把上帝這則鑽漏洞的典故記下來，完全可能是出於將「鑽漏洞」這種合法的違法之舉，或者看似合法的犯規之舉，給予神聖化的需要。

從邏輯上說，尊重法律就應當尊重法律規定的一切，從內容到手段，漏洞也不能例外。因為，一則漏洞本身就是某一法律條例中，不可分割的一部分；二則一個煞費心計鑽法律漏洞的人，本身還是尊重法律的，他做的仍然是「法律沒有禁止」的事情。

可是由於鑽漏洞畢竟還需要有別出心裁（即和立法者有不同思路，才能洞悉其奧祕）的心智和機敏，所以，漏洞常常只對聰明人來說是存在的，大部分人只能在「天衣無縫、固若金湯」的法律條文面前抓耳撓腮。

對於把研究律法看作人生義務或祖傳手藝（這兩種態度分別指向猶太人自己的律法和其他民族的法律）的猶太人來講，任何一種法律都有漏洞（否則《塔木德》中也不會有這麼多「議而不決」的案例）。從猶太人已養成的習慣來看，與其破網而出，不如堂而皇之地鑽漏洞更為自然，這樣，神不知鬼不覺，既不引人注目，也不會於心不安，還可以讓漏洞長存，以便後人進出。

第二次世界大戰期間，波蘭落入了希特勒的魔掌，邊上的小國立陶宛也處在狼吻之下，許多猶太人紛紛逃離立陶宛，經日本遷往他國。

有一天，日本政府機關函電給檢察官，把日本猶太人委員會的萊奧・阿南找了去，要他把一份發往立陶宛科夫諾的電文翻譯出來，並解釋一下。

電文中有這樣一句話：「SHISHOMISKADSHIMB' TALISEHAD.」

阿南當時解釋說，這份電報是卡利什拉比發給立陶宛的一個同事的，談的是猶太教宗教禮儀上的幾個問題，而那句話的意思就是「六個人可以披一塊頭巾進行祈禱」。

檢察官聽了這句解釋，覺得沒有什麼不妥，就把電報給發出去了。阿南自己也不知道，這句話是什麼意思，為什麼沒頭沒腦地跑出一句「六個人可以披一塊頭巾進行祈禱」？

後來，他終於找到了那位受人尊敬的卡利什拉比，向他問起這個問題。拉比說：「你難道不懂嗎？六個人可以用一份證件上路。」

這一下阿南才恍然大悟，卡利什拉比剛剛離開歐洲來日本，他關心著立陶宛的猶太同胞。他知道，日本在科夫諾發出的過境簽證，是以家庭為單位的，於是，他就向那裡的猶太人建議，六個本來不屬於一家的人，可以一個家庭名義去申請簽證，以便更多的猶太人可以藉此離開立陶宛。

誰讓日本人不對家庭做出一個精確的界定呢？當一個又一個猶太人的「六口之家」，透過各種途徑踏上日本列島之時，日本人只驚訝於猶太人在組織家庭上的高度同一性，不經拉比的開導，他們是絕對想不出猶太人的家庭人數，竟然還是由日本出入境管理條例所決定的。

面對高額的所得稅，一般人的思路或許是想盡辦法逃稅漏稅，可是猶太人不同，他們不會去做鋌而走險的事情，他們想出了絕妙的「為自己減稅」的辦法，既然「列支敦士登」國籍的人只交小額的所得稅，那就改入該國國籍，從而可大省一筆稅款。

退一步講，如果要加入「列支敦士登」國籍不容易，那就讓自己當一個「廉價」的董事長或總經理，至於因「廉價」而帶來的收入損失，也可以透過別的方式獲得補償。

洛克菲勒石油家族，也有許多鑽法律漏洞的故事：

洛克菲勒想獨佔全美石油資源，泰特華德油管公司自然就成了他的眼中釘。尤其是泰特華德油管公司從石油產地鋪了一條輸油管，直達安大略湖畔的威湯油庫，這給洛克菲勒帶來了很大的威脅。不弄垮這條油管，他寢食難安。

洛克菲勒想鋪設一條與之平行的油管，可是油管必須通過巴容縣境，而巴容縣是泰特華德公司的勢力範圍，而且泰特華德公司早就促使議會通過一個議案，聲明除了已經鋪設好的油管外，不許其他油管路經該縣縣境。

這是一個不小的難題，洛克菲勒苦思了許久，才得一妙計。在一個沒有月亮的夜晚，在巴容縣的東北角突然來了一群大漢，他們手拿鐵鏟只顧挖土掘溝，很快便掘出一條溝，接著又一個勁地把油管埋入溝內，並迅速填平。天還沒亮，他們已經全部完工。

第二天，人們發現美孚石油公司已在巴容縣安置了一條油管，當局政府準備控告洛克菲勒。這一事件也驚動了報界，記者們紛紛採訪，洛克菲勒召開了記者招持會，在會上他說：「縣議會的議案規定，除了已經鋪設好的油管外，不准其他油管過境，希望大家到現場參觀一下，以判定美孚石油公司的油管，是否有通過地面。」

縣議會自知法案不嚴密，被鑽了漏洞，官司不了了之。聯邦政府反托拉斯法通過以後，許多大企業被解散，洛克菲勒財團的美孚石油公司雖然也被起訴，但是由於公司的努力，案子未能成立。

美孚石油公司是全美數一數二的大企業，自然引起世人的注目。迫於輿論的壓力，國會也堅決要對美孚石油公司進行起訴。這一次，洛克菲勒也認為在劫難逃了，整天悶悶不樂、無精打采。

這時，公司的法律顧問中有一個青年律師，想出了一個絕妙主意，他建議把各州的美孚石油公司宣布為獨立的公司，如紐約美孚石油公司、新澤西美孚石油公司、加利福尼亞美孚石油公司、印第安那美孚石油公司……這些公司都各自有一名稱且獨立的老闆，但實際上還是由洛克菲勒操縱。

那位青年律師為了這件事，連續一個禮拜日夜工作，替各公司設立賬目，供參議院審查。最後，參議院表示滿意，不再提起訴一事。

猶太人如此守法，可真叫人拍案叫絕。在現代律師行業中，猶太人大出風頭，以北美為例，三〇％的律師都是猶太人出身。可以想見，正是他們這種活用法律、善於守法的民族智慧，促成了他們在各方面的成功。

讓年輕人先發言

假如所有人都向同一個方向行走，這個世界必將傾覆。

——《塔木德》

在古代的猶太社區裡，每到有事情商量的時候，大家就聚集起來對問題進行討論，但是在討論的時候，主持會議的老年拉比總是讓一些年輕人先發言，再讓那些有點資歷和經驗的人發言，然後大家自由討論和辯論，最後是年老的、富有權威的拉比，根據大家的意見，進行公正的評價和總結，接著，他做出最後決定。

在《塔木德》裡也有這樣的規定，在猶太法庭上，首先由年輕的法官發言，然後大家再依次發言。由年輕人首先發言的體制，讓猶太人一直保持新鮮的氛圍。

如果年輕人在許多上了年紀、經驗豐富的人面前發言，感覺拘謹而羞澀的時候，拉比就會熱心鼓勵他們：「真理面前是沒有老少之分的，你和我都要聽從真理的召喚。你們最有熱情和想像，試試你們的能力吧，我們相信所有人的發言都是有用處的，你們的發言也是一樣的。」

結果有不少年輕人的發言總是讓大家感覺新奇，他們朝氣蓬勃的精神，總是讓在場的人感覺到烈火一般的熱情。

為什麼讓年輕人先發言，《塔木德》有這樣的討論：

某個人對另一個人說：「以年輕人為師，猶如什麼呢？如同吃不成熟的葡萄，從酒甕裡喝酒；師法長者猶如什麼呢？猶如吃成熟的葡萄，喝陳年的老酒。」而他的另一位同事則反駁說：「不要看瓶子如何，而要看裡面裝什麼，新瓶可能裝著陳酒，舊瓶也許連新酒也沒有裝。」

年輕人因為沒有經過太多世事，缺乏經驗，因而顯得幼稚，但他們絕少保守，相反地，他們普遍富有對世界的美好憧憬和嚮往，儘管這些還顯得過於浪漫和不現實。而老年人經歷過了世事的一切，已經變得十分現實，不會追求那些他們覺得不現實的事情，他們沒有了激情，沒有了夢幻式的想法，他們完全是靠自己過去累積的經驗來做判斷。

但是在社會上，在商業中，激情和想像卻是人類永遠的動力，正是這種人類的天真和想像，才能讓人類蹣跚地前進，沒有了大膽甚至是天方夜譚式的想像和熱情，這個社會根本就不會有任何進步。在商場成功的案例中，大膽瘋狂的想像力和創造力，的確是不可缺少的要素。

著名的迪士尼樂園是一個童話的世界，在那裡誕生許許多多可愛的小動物，機智聰明的米老鼠、笨拙傻氣的唐老鴨、活潑可愛的三隻小豬、凶惡但是被捉弄的大灰狼。

迪士尼原本在一家廣告公司工作，後來辭去了該工作，創辦了一家動畫製作公司，不久他們拍攝了動畫片《愛麗絲夢遊仙境》。這部片子吸引人的是，裡面既有一位如天使般可愛的真人小姑娘，也有浪漫的、虛構的動畫設計。這部片子一上市就引起了廣大迴響，電影公司的片約像雪片一樣飛來。接著，富有神奇想像力的迪士尼，又畫出了一隻名叫「沃絲娃爾托」的乖乖兔，受到大家的歡迎。

然後一個聰明淘氣、粗心急躁的大耳鼠米奇被塑造了出來，藉著當時有一個叫查爾斯・林白的人，乘飛機橫越大西洋的壯舉，他們讓自己的童話人物米奇也在影片中乘坐飛機，當老鼠米奇從飛機上向著蔚藍的天空一躍的時候，各大劇場也場場爆滿了。

即使是脾氣苛刻酸臭的電影評論家們，也不得不對迪士尼大加讚揚。

由於當時的電影還是無聲的黑白片，動畫片的設計者們製作的動畫還是幼稚粗糙的，迪士尼非常憤怒，他不能再讓兒童生活在這樣一個蒼白的世界了，他決定給兒童們一個豐富的彩色世界，於是，《花兒與樹》出來了，《三隻小豬》出來了，《米老鼠》、《唐老鴨》也出來了，《白雪公主和七個小矮人》也出來了，這是讓動畫迷們可以看個過癮的長篇動畫片。

幾年之後，經過努力，他建成了迪士尼樂園，這是一個童話般的世界，它不僅吸引孩子，也吸引了成年人，迪士尼樂園成了到西海岸所有遊人必去的地方，後來還成為和金字塔、巴比倫空中花園並稱的世界第九大奇蹟。

讓自己大膽想像，讓別人快樂消費，成為迪士尼一生的信條。正是他的想像和創意，讓他成了世界富豪之一。他的人生是輝煌的：二十歲時，他鋒芒初露；三十歲時，聞名全美；到了三十六歲時，他已經聞名世界了。一個沒有個性的人，人家就會忘卻你，沒有個性的東西，是不會有什麼結果的，個性化的策略，個性化的商品，個性化的管理，都是十分讓人注意的東西。

《塔木德》是這樣規定的：「不要把一種商品和其他商品混合，但為了提高品質，可以把酒精濃度高的葡萄酒，倒入酒精濃度低的葡萄酒裡。」

看來，注重商品的品質，不僅是現在，早在遠古時期，猶太人就意識到了。他們說，同一種農作物會因產地的不同、管理的差異而在品質上有所差別，因此，應對不同產地的同種作物進行區別，對各類商品進行分門別類，這樣買賣才可以獲得好的價格。

對於任何差別都應該注意，因為這些差別帶來的是巨大的收益，而要想尊重這些差別，就要想辦法推陳出新，以區別同類的物品，這樣才能獲利。

在這個競爭日益激烈的時代，唯有創新才能生存，才能在市場競爭中站穩腳跟，才能戰勝對手。企業唯有創新，才能奇蹟般地高速增長，否則，企業就會停滯不前，甚至虧損破產。在這一點上，猶太人是具有代表性的，他們總是出人意料、標新立異，在競爭中憑藉新奇手段擊敗對手。

猶太巨富威爾遜在籌備他的旅館的時候，就決定把自己的旅館建造成第一流的旅館。他在房間裡使用了空調，這是當時世界上第一家有空調的旅館。

每個房間都有電視，這樣可以使外出旅遊的一家人在飽覽了沿途風光後，還能享受到有趣的電視節目，而不至於感到寂寞。他還為孩子們設計了一個游泳池，增加了不少照顧孩子的服務專案，甚至還為旅客的小狗設計了免費狗舍……所有這些，在當時都是前所未見的。

房間裡光線明亮、空氣流通、色調柔和、溫馨的居住環境，讓旅客充滿了親切的感覺。於是別人的旅館冷冷清清，而他的旅館卻總是擠得滿滿的。

威爾遜「假日客棧」的成功之處，就在於突破當時一般的經營策略，勇敢地採用了最先進的設備，針對假日這一專案，擁有了別人無法企及的特點和優勢。

任何的東西都必須擁有個性，「個性才能生存」這句話，一直被各類企業驗證是商界金律。猶太人的觀點是：「商業的個性就是獨有的經商理念和特殊的經營模式，或因環境條件有異，而創造出獨特的產品和價格等要素的總和。」

在猶太人看來，生意的成敗往往就是觀念是否跟得上時代的潮流，在這個商品琳琅滿目的時代，沒有個性，就意味著面臨被淘汰的命運。猶太人的矛盾就是他們外表很和善，但是他們靈魂是偏執和極端的，他們的思惟方式是怪異的。

猶太人的眼睛只看重個人力量，在猶太社會中，家的存在具有很大的意義，它的價值因學問、慈善行為，以及對於地域社會的貢獻大小而有所不同。其中最重要的是學問，金錢和事業上的成功，對於家的榮譽並不是很重要的因素。正是基於此點，猶太人中才湧現出了那麼多居於世界一流地位的大學問家。學問的成就只取決於個人，而不取決於家族背景的貧富和貴賤。

每個人都有自己的特色，都與眾不同。若以同一件事去考驗兩個人，所得出的結果必然不同。猶太民族始終堅信，否定個性的社會難以進步。自己扼殺自己的個性的人也不會有進步，每個人都是尊貴的，神是照著自己的形象造人的，神的造形各異，人形與神也就各異。倘若一個人只知道模仿大眾，那就是忘了神賦予他的神聖使命：創造自己。世界和藝術一樣，是由每一個人創造的，每個人的命運都掌握在自己手裡。

「希伯來」的原意是「站在對岸」，它的意思就是人們不要畏懼，該反對就要反對，同時也要接受別人不同的意見。

古代猶太人認為，假如世界是劃一的，就不會有進步，必須有許多不同的東西互相競爭，才可能產生出新的事物。《塔木德》是很多位拉比爭論的紀錄，簡言之，這是一部集所有猶太人智慧的經典。

每個人都是獨一無二的

一個人的價值，絕不低於其他人的價值。

——《塔木德》

猶太人認為每個人的人生價值，絕不低於其他人，因此，他們鼓勵人們要善於把握機會，讓那些富有潛力的人，可以盡情發揮出生命中的潛能。

《塔木德》進行了這樣的討論：

有兩個人，他們旅行到遠離文明的地區，其中只有一個人有一點水，如果兩個人都喝，兩個人都會死，而假如只給一個人喝，至少可以救一個人。派圖拉教導說，有水的人應該喝，得以活命。

猶太人就是這樣的思惟，他們從來不認為一個人的價值會低於其他人，在他們的觀念中，認為應該把最好的機會，留給最有希望的人，因為，他們相信這個人所做出的貢獻，絕不會低於其他人的貢獻，只是他有沒有機會而已。

例如，一個貧窮的家庭中，如果有五、六個小孩，且小孩們都上學，父母顯然負擔不起，他們就會選擇其中最聰明、最有希望的那個孩子上學，給他家裡最好的條件，大家也都盡力去幫助他完成他的事業。等到其他孩子長大了，他們的父母要他們不要有任何怨言，讓他們自己去尋找各自的出路。

實際上，許多猶太人都是早年就離開家庭自己創業的，他們大部分在十五、六歲時就走出家門，還有的在八、九歲的時候就離家開始自己的人生。這些早年離開家庭的人，很多都在後來開創了自己的事業，成為這個著名家族的開創者。

著名的羅斯查爾德家族、洛克菲勒家族等等都是這樣的。

猶太人的這個觀念，讓無數的猶太人超越了他們的前輩。塞繆爾是一個貧窮的猶太人小孩，誰能想到，他最後竟能和著名的大富豪洛克菲勒，共同執掌世界的石油大權呢？

十九世紀的中期，塞繆爾出生於一個世代經商，但並不富裕的猶太人家庭中。十三歲那年，他在英國海岸遙望對面石油大亨洛克菲勒的石油大廈時，看見洛克菲勒的大航船在海上不可一世的模樣；這時，他說出了震驚世人的豪言：要開創一番偉業，成為和洛克菲勒這些元老一樣的大富翁。

當時的洛克菲勒是世界最富有的人，他已經在北美建立了自己的石油王國，獨霸著整個世界石油市場，而這個十三歲的小孩子，不過是在海邊撿貝殼、有時候和父親去賣貝殼的小販子。當時大家聽到他的話，都覺得這個少年竟然拿自己和世界最富有的石油大亨相提並論，實在是太猖狂了。而他自己相貌平平，絲毫沒有什麼出眾的地方，於是大家認為他的話不過是誇大其詞而已。

他生長在海邊，所依靠的只有貝殼，於是他就和父親把貝殼裝飾到皮箱上，再把皮箱運到倫敦銷售，後來他自己經營，就和他的表兄弟擴大貝殼的生意。

這時候他發現石油行業蘊藏著巨大的商機，此時，他自己也有一點積蓄，於是他闖蕩到遠東然後到達日本，發現這裡的能源異常短缺，而遠東的煤炭卻因為賣不出去而堆積如山，因此，他把遠東的煤炭運到了英國，獲得了很高的利潤，自此，他開始了發財的歷程。

他沒有忘記自己少年的豪言，於是開辦了一家石油公司，並要和洛克菲勒爭雄。他也沒有忘記自己撿貝殼的出身，於是他把自己的石油公司命名為「殼牌石油公司」。

十九世紀的後期，俄國政府容許外國人在高加索開採石油，瑞典的諾貝爾兄弟和法國的羅斯查爾德家族獲得特許權，他們一起合作，成立共同對抗洛克菲勒的聯盟，塞繆爾果斷地加入了這個聯盟。

洛克菲勒大吃一驚，立即和諾貝爾兄弟以及羅斯查爾德家族達成協議，騰出手來對付塞繆爾，於是兩個猶太人之間展開了曠日持久的爭奪戰。儘管這是不同重量級別，且實力和背景相差頗大的較量。

不過塞繆爾從來不怕，他要和老牌的富翁決一高低。他馬上接受挑戰，降低了石油的價格，並且組建了船隊，通過蘇伊士運河把石油運往遠東的新加坡、曼谷等地。洛克菲勒知道了以後，馬上在倫敦掀起了反對殼牌石油公司通過蘇伊士運河的抗議活動。

但這個時候，塞繆爾已是倫敦市參議員的身分，他利用和英國上層人士的關係，得到了可以通過蘇伊士運河的許可，因此，洛克菲勒只能不斷降低油價，導致了全世界的石油價格狂跌。塞繆爾則動用了龐大的船隊和密集的銷售網路，乘機佔領了破產的中小石油商丟下的大片市場。

洛克菲勒接連地進攻，都被塞繆爾成功打退了。一九〇一年，塞繆爾和海灣石油公司合作，預定了該公司未來二十一年的產量，隨後，他與德克薩斯油田聯盟，搶去這個洛克菲勒重要的合作和貿易夥伴，把自己的勢力直接打進了洛克菲勒的心腹。這時，他的一舉一動都會讓這個老前輩心律不整。

洛克菲勒不願意讓這個小輩在他面前屢屢得逞，於是他多次邀請塞謬爾談判，開出了讓人眩暈的高價希望收購殼牌公司，但塞繆爾斷然拒絕了他。

洛克菲勒再也忍不住了，他發動了對塞繆爾的致命攻擊，乘著塞繆爾合作的油田枯竭的時候，發動價格大戰，操縱德意志銀行，迫使塞繆爾退出德國市場。

塞繆爾也使出了絕招：與荷蘭皇家石油公司合併，組成了荷蘭皇家殼牌石油公司，他的家族成員是主要股東。

於是洛克菲勒龐大的石油公司，只好眼睜睜地看著自己的領地一個個被塞繆爾佔據，伊朗、伊拉克、墨西哥等地的石油被塞繆爾逐一開採，在歐洲、美洲甚至整個世界的石油市場，都陸續屬於了塞繆爾。

從此，世界的兩大石油公司，美孚和殼牌，各自挺立在兩個半球上。塞繆爾這個貧窮的小子開創了自己的石油帝國，成為知名殼牌石油公司的創辦人。

年輕人永遠是最有希望的，只要給他們充分的機會，他們可以做出任何轟轟烈烈，甚至驚天動地的事情來。

猶太人是世界上最聰明的人，他們做生意完全靠的是自己精明的大腦，憑藉他們智慧的大腦，他們想出了一個又一個奇妙無比的想法。然而，也就是這些想法，才能讓猶太人從一文不名的窮漢，蛻變成為世界的頂級富翁，對於他們來說，最值錢的，也是唯一可以依靠的，只有自己獨創和超凡的想法了。

財富是創意、資金和管理三個方面的結合，其中擁有一個好的想法和創意是最重要的，只要有了好的想法，就可以讓一個看起來似乎不可能完成的事，變得可能。

猶太人林恩是一個小企業的老闆，他已經過了退休的年齡，但他還是在第一線衝鋒陷陣，他決心買下威爾森公司。

威爾森是個老牌的大公司，本身可算是一個企業集團，它每年的營業額高達十億美元，是林恩的兩倍，林恩要想吃掉威爾森公司，絕非易事。

林恩分析了一下威爾森公司，認為威爾森公司是華爾街的低值公司，就是說它的盈利與同類公司相比是很低的。由於威爾森公司的股價很低，因此，只要有八千萬美元，就能擁有該公司的控股權。

但是，這八千萬美元從何而來呢？用股票去借？總之要先吃掉這家公司再說，免得被別人先下手。

首先，他買下威爾森公司的大部分股票，使威爾森公司成為自己旗下的一家公司。

但是，另一個問題發生了，八千萬美元的債務怎麼辦呢？

他使用了絕招，他把大部分的欠債轉移到威爾森公司的賬上，然後，把威爾森公司的三個子公司分別發行股票。這些新股票大部分自己擁有，其餘的賣給大眾，賣出股票的錢，基本上可以償還那筆債務。

大家知道威爾森公司的後臺老闆是林恩後，子公司的股價一路上漲，結果，三個子公司的價值合起來，差不多等於威爾森公司的兩倍。結果他幾乎是一分錢不花，用別人的錢買下公司，轉手間就得到了一個龐大的公司，而這不過是一個簡單的想法而已。

創意，就是這麼有魔力，它甚至可以讓你在沒有資金的情況下，實現你的夢想，成就你的事業。

走自己的路

不要模仿，如果你要成功，就應該朝新的道路前進，不要跟隨被踩爛的成功之路。

——《塔木德》

商人應該十分精明、幹練，要突破現實的障礙，運用自己的精明。猶太人非常精明，這讓他們在商界佔盡了便宜，他們絲毫不掩飾自己的精明，他們理直氣壯地說，只有精明才有錢賺。

有一個叫菲勒的猶太富翁，活了七十七歲，臨死前，他讓祕書在報紙上發布一個消息，說他即將去天堂，願意給任何逝去親人的人帶口信，每人收費一百美元，這一看似荒唐的消息，引起了無數人的好奇心，結果他賺了十萬美元。如果他能在病床上多堅持幾天，可能賺得還會更多些。

他的遺囑也十分特別，他讓祕書再登一則廣告，說他是一位有禮貌的紳士，願意和一位有教養的女士共居一個墓穴。結果，真有一位貴婦人願意出資五萬美元和他一起長眠。

這就是「愛財如命」的猶太人，即使是在生命的最後一刻和生命結束後，也不放過任何賺錢的機會。在猶太人的眼裡，上帝是萬能的神，而金錢則是上帝的化身。

猶太人的精明看起來很神奇，其實說穿了，不過是換個角度思考問題而已。每件事物總是有正反兩面的，我們經常看到的不過是其中的一個面，而忽略了另一個面。如果多從別人經常忽略的地方看問題，不要拘泥在大家慣性思惟的舊路裡，往往就會有出其不意的想法。

猶太人理直氣壯地告訴大家：精明就要堂堂正正。其他民族的人經常對精明的人懷有敵意，認為那是不好對付的人，其實只是他們不如別人，所以，才會由佩服別人的機智，轉為敬畏別人的精明。

在商場上，猶太人總是很小心地應付每一筆生意，把每一筆生意看得都很重要，他們不會因為任何原因，而忽略每一筆生意所能獲得的利潤。他們的名言就是：「每筆生意都是第一次的交易。」

有一個故事就是說了一個法國人掉以輕心，而被不輕易相信別人的猶太人所戲弄：

在法國商界有個很著名的商人，有一天，他請一位猶太畫家吃飯，賓主坐定，在等菜的時候，畫家沒有事情做，想練練筆，於是，就幫坐在旁邊的飯館女主人畫起畫來。

不一會兒，速寫畫好了，他把自己的畫遞給法國人看。他果然畫得不錯，畫上的飯館女主人被他畫得形神兼備。法國人看了連聲稱讚：「太棒了！太傳神了！」

聽到法國人的誇獎，猶太畫家面對著他，開始在紙上勾勾畫畫起來，還不停地向他伸出大拇指。

法國商人一看猶太畫家的這個架勢，知道這回是在畫他，於是迅速擺好姿勢，讓猶太人畫家替他畫像。

法國人堅持著一動不動地坐著，眼看著畫家一會兒在紙上勾畫，一會兒又向他豎起大拇指，足足有十多分鐘，「好了，畫好了！」畫家停下筆來說道。

聽到這話，法國人鬆了一口氣，迫不及待地走過去看，結果不禁大吃一驚：原來畫家畫的根本不是那位法國商人，而是他自己的左手大拇指。

法國商人有點惱怒地說：「為了你，我還特別擺好姿勢，你怎麼這樣捉弄人呢？」

猶太畫家卻笑著說道：「我聽說你做生意很精明，所以才故意考考你。你怎麼看我第一次畫了別人，就能肯定我第二次畫的一定就是你呢？從這裡看來，你太輕易相信別人了，這點可比我們猶太人差遠了。」法國商人聽了，怒氣頓消，不禁連連點頭，打從心底佩服這位猶太畫家。

猶太人就是這樣，從來不相信上一次的合作夥伴，哪怕自己和他們上一次合作得十分愉快，到了下一次的生意上，他們還是要像第一次合作那樣謹慎小心，而且凡事要和對方認真地談，處處斤斤計較，好像上次從來沒有合作過一樣。

猶太人和對方合作時，會顯得十分熱情；請你吃飯，和你親切交談，極力和你套交情。他們通常會殷勤地勸酒，和你稱兄道弟，吃飯的氣氛十分熱烈，他們覺得這樣才顯得隆重和友好。

但是，一旦離開餐廳，進入談判的時刻，他們是絲毫不顧及剛才大家是如何「情同手足」的，他們寸步不讓，你休想佔到他們任何便宜。這筆生意做完了，人情也就結束了。

猶太人就是這樣，就算和熟人做生意，也絕不會因為上一次的成功合作，而放鬆對這次生意的各種條件。他們習慣把每次生意都看作一次獨立的生意，把每次接觸的商務夥伴，都看作第一次合作的夥伴。

其他民族的人，也許會覺得猶太人這種做事情的邏輯很奇怪，但是他們卻正是靠著這種奇怪的邏輯保護自己，同時得到了許多商場上的好處。

由於他們對任何人都是一視同仁，所以不會因為對某人先前的好印象而掉以輕心。任何人都不可能因為熟人的介紹或面子，而讓他們掉進陷阱。他們更不會僅憑一面之緣的交情而放鬆戒心，從而相信他們所說的話，也不會因為上次合作得順利愉快，而忽視這次的利益，自然也就不會輕易上別人的圈套。

他們總是時時刻刻把「每次都是第一次」，作為自己經商的座右銘。保證自己第一次辛辛苦苦爭取得到的利潤，不會在第二次生意中為了交情做出讓步而斷送掉。

對他們來說，生意畢竟是生意，容不得「溫情脈脈」，否則第一次就沒有必要斤斤計較。

猶太商人深知，由於人情是作用於人的潛意識層面，往往在人們漫不經心時被滲透進去，而人情厲害之處，就在於它會讓人放鬆戒心，直到事情有了結果，人們在大失所望甚至絕望之餘，才懊悔地察覺自己的疏忽。

所以，「每次都是第一次」，實在是猶太商人在漫長的經商歷史中，由活生生的商業活動而得出的心得，其適用範圍竟然已經到達潛意識層面。

只有一個熟悉精神分析學的民族商人，才會在這種極其細微、極不容易察覺的地方，有如此清晰的認識，並且駕輕就熟、遊刃有餘。這真是一條保持內心平衡、不被他人煽動的策略。

有意思的是，對自己，猶太商人要求做到「每次都是初交」，不為別人策動；但對別人，猶太商人則精明地利用人家對「第一次」的先入之見，來製造別人在「第二次」上的疏忽。

生意場上沒有禁忌

律法是相對的，政治是相對的，國界是相對的，
甚至道德也是相對的，只有你承諾過的合約是永恆的。

——《塔木德》

生意就是生意，這句話使猶太商人在進行商業活動之前，先排除了許多道德規範的掣肘和情感的障礙，放下包袱，沒有負擔，眼界看得寬，手腳放得開，處處得心應手，無往不勝。

比如一般企業家對於自己親手創立的公司，大都有一種特殊的感情，甚至視之如自己的孩子，悉心呵護，終生廝守，然後傳之後代，而後代對從先輩那裡繼承下來的公司，也就自然帶上了一層祖先崇拜的色彩。

這些做法在猶太商人看來，就顯得非常可笑，因為創立公司的目的，只是為了賺錢，只要能賺錢，出售自己的公司也是生意的一種做法。

同樣的道理，猶太商人在進行商業策略時，對於所借助的東西，也從來沒有什麼顧忌，只要是有利於賺錢，且不違犯法律，就怎麼好用怎麼用，完全不必考慮過多。

猶太人認為，在商場上，首要的不在於道德不道德，而在於合法不合法，只要合約是在雙方完全自願的情況下達成的，並且符合有關法規，那麼，結果即便是再不公正，也只能怪吃虧的一方，為什

麼事先不考慮周全。

猶太民族在生活上的禁忌之多、之嚴格，在世界各民族中是不多見的，且這些禁忌歷經兩千多年而能一以貫之，至今極少改變。但是在另一方面，猶太商人在經商時的百無禁忌，也是在各民族中不多見的。

對政治也是這樣，不管你是誰，是友也好，是敵人也沒關係，只要有錢賺，猶太人照樣和你做生意。

當年，蘇聯剛剛成立，許多商人把蘇聯看作是洪水猛獸，只有猶太人哈默不受局限，獨闢蹊徑，結果在蘇聯發了大財。

成功使哈默信心大增，他想，我為什麼不回國一趟，找更多的企業，與蘇聯進行更多的貿易呢？他想到的第一個人是亨利・福特。

福特汽車早已聞名遐邇，其創始人亨利・福特也是個有名的反蘇派。哈默經人介紹與福特見了面，可是這位汽車巨擘開門見山地對他表達了反對意見，福特不否認在蘇聯市場上銷售自己公司的產品可以賺錢，但是他說：「我絕不運一隻螺絲釘給敵人，除非蘇聯換了政府。」

福特的態度非常堅決，但是哈默並沒有氣餒，他說：「您要是等蘇聯換了政府才去那裡做生意，豈不是要在很長一段時間裡丟掉一個大市場嗎？」

哈默把自己在蘇聯的見聞、經商的經歷，以及列寧如何對自己禮遇的事，一五一十地講給福特聽，哈默說：「我們是商人，只管做我們的生意，而生意就是生意。」

福特對哈默的話漸漸產生了興趣，還和哈默共進午餐。餐後，福特又陪哈默去參觀自己的機械化農場，兩人談得非常投機，最後，福特同意哈默成為福特汽車在蘇聯的獨家代理人。

哈默從福特這裡首先打開了缺口，很快又成立了橡膠公司、機械公司等許多在蘇聯獨家代理的企業。後來，在哈默的斡旋下，福特公司和蘇聯政府又達成了聯合興辦汽車、曳引車生產工廠的合作協定，福特由此獲得了驚人利潤，哈默自然也受益匪淺。

還有一個例子，是猶太商人羅恩斯坦，使用自己的美國國籍作為資本，為自己做成了一筆大生意。

斯瓦羅斯基家族是奧地利的一個世家望族，世代相傳從事仿鑽石飾品的生產。在第二次世界大戰結束時，奧地利被盟軍佔領，法軍當局要沒收斯瓦羅斯基公司，理由是在大戰中，該公司曾接受納粹德國的訂單，為德軍生產望遠鏡等軍用物資。

這時，有個叫羅恩斯坦的美國籍猶太商人正在奧地利，他得知此事，立即趕到斯瓦羅斯基公司，提出他可以去和法軍交涉，設法阻止法軍沒收斯瓦羅斯基公司。

他開出的條件是：如果交涉成功，斯瓦羅斯基公司必須把公司產品的銷售權讓給他，並且在他有生之年，他有權從每年銷售總額中提取一〇%當作報酬。

羅恩斯坦提出的條件無疑是非常苛刻的，但是他能提供的幫助，卻關係著斯瓦羅斯基公司的存亡，斯瓦羅斯基公司沒有別的選擇，只能接受羅恩斯坦的條件。

羅恩斯坦與斯瓦羅斯基公司簽好了協定，馬上趕往法國司令部，鄭重申述：「我，羅恩斯坦，是美國公民，我剛與斯瓦羅斯基公司達成協定，從即日起，這個公司已經是我的公司，因而，斯瓦羅斯基公司現在是美國的財產，法軍無權對它進行處置。」此時，面對既成事實，法軍無可奈何，只好放棄打算沒收的計畫。羅恩斯坦馬上設立了斯瓦羅斯基公司的銷售代理公司。

然而，羅恩斯坦的這家代理公司，並沒有進行實質性的銷售活動，不過是開開發票而已，以此來確保一〇%的銷售額能成為羅恩斯坦的利潤。

國籍也可以被當作商品進行交換，這大概是只有澈底地把「生意就是生意」奉為信條的猶太商人，才能想出的主意。

在一般人眼裡，國籍是神聖的，他們會認為，用國籍來做生意，這不是對國籍的褻瀆嗎？

在別人走投無路時，要別人屈從自己的條件，一般人大概都會把這種做法斥之為乘人之危或趁火打劫，但是，一個顯而易見的事實是，斯瓦羅斯基家族無論在當時的「勉強同意」，還是在事後按照協定，他們向羅恩斯坦支付每年營業額一〇%的利潤從未中斷過，這說明他們與羅恩斯坦的這筆交易，對其家族畢竟還是有利的。

而且，羅恩斯坦的做法，也沒有明顯違犯有關法律的地方，不然的話，斯瓦羅斯基家族也不會毫無反抗地一直忍受著。

從「生意就是生意」這一信條的角度看，國籍神聖的觀念和乘人之危的道德考慮，都是迂腐多餘的自我束縛。當一般人還在僵化的道德倫理觀念面前猶豫不決、徘徊不前的時候，猶太人早已經把簽好的協定，拿在手中了。

【譯後記】

在人類歷史的長河中，各民族如天上的群星一樣璀璨輝煌，但是沒有哪個民族能像猶太民族那樣：他們在相當長的時間裡，沒有國家、沒有家園，就連最起碼的生存和繁衍的權利，也時常被侵犯和剝奪。他們四處流浪、漂泊，但是他們卻以頑強的生命力生存了下來，並用自己勤勞的雙手和智慧的頭腦，向世人證明了他們是優秀的。

他們為了理想而生存，為了生存而奮鬥。他們運用聰明才智來達到人生的輝煌，無論在政界、商界、知識界，都可以看到傑出猶太人的身影，人們為他們的聰明和智慧所折服。

追尋猶太人的歷史，跟隨猶太人的腳步，我們便會發現猶太人智慧的源泉，也就是他們奉行已久的致富聖經——《塔木德》。

《塔木德》教導猶太人不要隱瞞對財富的崇拜，不要放棄對財富的追求。猶太人把金錢看作是奉獻給上帝的禮物，而他們又把金錢視為「現實的上帝」。

他們把追逐財富看作是人生的最高目標，但他們並沒有把賺取財富，看成是一個很艱難的過程，而是當作一種遊戲而已。

猶太人對於契約和約定俗成的規則無條件地遵從，他們不但要求自己，也同樣要求與他們交往的人；他們崇尚節儉，但他們同樣信奉盡情享受生活的理念；他們善於借用他人的資源來發達致富，但他們又堅信借錢給別人，就等於花錢買敵人的信條；他們知識廣博，鑽研法律，為的是合理地鑽法律的漏洞，從而合理地獲取最大的利益。

這些看似矛盾和完全不相容的理念，卻被猶太人集於一身，達到了共存共生、相輔相成的境界，而且結合得是那麼完美無瑕。

猶太人不畏懼風險，他們在風險中乘風破浪，在逆境中奮勇前行，這就是猶太人生存的智慧和生活的智慧。總之，猶太人的一切智慧，無不是《塔木德》宗旨的體現。

本書在翻譯過程中，在得到作者授權的前提下，本書盡量尊重原書完整性、合理性的原則，參考了許多相關的資料，同時對原書做了部分的增刪和修改，適當地調整了原書的部分章節和內容，還望讀者諒解。

付梓之際，感謝大力支持和熱心幫助我們的專家以及出版社的編輯。由於時間倉卒，書中難免會有疏漏和不當之處，歡迎讀者批評指正。

譯者二〇〇四年，於京西燕園

國家圖書館出版品預行編目(CIP)資料

塔木德－猶太人的致富聖經〔修訂版〕：1000多年來帶領猶太人快速累積財富的神祕經典／佛蘭克・赫爾著. -- 修訂初版. --[臺北市]：智言館文化, 2014. 04

面；　　公分. --（理財智典；14）

ISBN 978-986-5899-33-2（平裝）

1. 成功法　2. 理財　3. 猶太民族

177.2　　103004299

智·言·館

理財智典 014

塔木德－猶太人的致富聖經〔修訂版〕

1000多年來帶領猶太人快速累積財富的神祕經典

作　　者／佛蘭克·赫爾
出 版 者／智言館文化有限公司
出版總監／吳定驤
責任編輯／陳品妤
協力編輯／郭玉平
校　　對／陳妍如、陳品妤、楊蕙芩
封面設計／我的右手
電　　話／(02)2552-8418
傳　　真／(02)2552-8486
地　　址／10361 台北市民權西路 108 號 2 樓之一
製　　版／海王印刷事業股份有限公司

總 經 銷／彙通文流社有限公司
23150 新北市新店區中央五街 42 號
電話／(02)2218-2708　傳真／(02)8667-6045
劃撥帳號／19650094 彙通文流社有限公司

讀者意見信箱／service@3eyeintegrated.com
訂書信箱／sdn@3eyeintegrated.com
香港經銷商／「時代文化有限公司」九龍旺角塘尾道 64 號龍駒企業大廈 3 樓 C1 室
「一代匯集」九龍旺角塘尾道 64 號龍駒企業大廈 10 樓 B&D 室
「香港聯合零售有限公司」新界大埔汀麗路 36 號中華商務印刷大廈

2014 年 04月 修訂初版一刷〔版權所有，翻印必究〕

如何索取本公司的圖書目錄

(1) 您可E-mail至 **sdn@3eyeintegrated.com** 或打電話至02-2218-2708請客服小姐傳真或郵寄書目。

(2) 您可上**博客來網路書店**或各大連鎖店之網路書店，查詢我們的所有圖書和相關資料。

(3) 您可上**Facebook**尋找**彙通文流社**或直接輸入網址**https://www.facebook.com/htbooks**，留言或發訊息詢問，會有專員為您回覆。

如何訂購本公司的書

(1) 您可至**松果体國際文創有限公司**（台北市民權西路108號2樓之1，鄰近捷運民權西路站）付款取書。

(2) 您可前往全省各大連鎖書店或書局購買，如遇缺書請向門市要求〔**客訂**〕，請書店代您向我們訂書，我們接到書店〔**客訂**〕訂單，會盡速將書送到書店，您再至書店取書付款即可。

(3) 您可上**博客來網路書店**或**各大連鎖店之網路書店**訂購。

(4) 您可透過郵政劃撥方式，載明您的姓名、地址、電話、書名、數量以及實付金額，**書款一律照定價打九折**（請外加運費或郵資新台幣五十三元，台北市和新北市以外七十四元，離島及海外請勿使用劃撥購書）。

(5) 如果您一次的購買數量超過五十冊，即可享有〔**團體訂購**〕之優惠，依定價打**八折**，請利用本頁背面之〔**團體訂購單**〕，將書名和數量及姓名或機關行號名稱和送貨地址填好，傳真至：(02)8667-6045 二十四小時傳真專線，將有專人會與您聯絡收款及送貨事宜，運費由本公司吸收（離島及海外地區除外）。

(6) 〔**團體訂購**〕單次購買數量超過五十冊以上時，請直接與我們連絡：02-2218-2708，或 E-mail：sdn@3eyeintegrated.com 我們將視數量提供更優惠的價格，**保證讓您物超所值**。

彙通文流社有限公司團體/專案訂購

訂購單位:　　　　　　　　　　　　　　　日期:　　年　　月　　日

連絡人:　　　　　　　　　　　　電話/手機:

送貨地址:

書　號	書　名	出版社	數量

【合計】　共 ________ 種　　　　　　　　共 ________ 冊

請將此單直接傳眞或放大影印，如不夠塡寫，也請自行影印！

24小時傳眞專線　(02) 8667-6045　　客服專線　(02) 2218-2708

廣		告		回		信
板	橋	郵	局	登	記	證
板	橋	廣	字	第	698	號
免		貼		郵		票

23150
新北市新店區中央五街42號

彙通文流社有限公司　收

電話／(02)2218-2708　傳真／(02)8667-6045
劃撥帳號／19650094　彙通文流社有限公司

請沿虛線剪下對折寄回

智言館——Wiseman Books

ADC014 塔木德－猶太人的致富聖經〔修訂版〕

1000多年來帶領猶太人快速累積財富的神祕經典

會員回函・入會申請函

■ 謝謝您購買本書，請詳細填寫本卡各欄，對折黏貼並寄回，即可成為會員，可享有購書一律九折價，並可不定期收到本出版社之最新資訊。

■ 欲知本書相關書評・參加線上讀書會・投稿
詳情請上網站 http://www.3-eye.com.tw/

◆姓名：＿＿＿＿＿＿＿＿＿＿ □男 □女 □單身 □已婚

◆生日：＿＿＿年＿＿＿月＿＿＿日 □第一次入會 □已是會員

◆身分證字號（會員編號）：＿＿＿＿＿＿＿＿＿＿

（此即您的會員編號，為日後購書優惠之電腦帳號，敬請如實填寫）

◆E-Mail：＿＿＿＿＿＿＿＿＿＿ 電話：＿＿＿＿＿＿＿

◆住址：＿＿＿＿＿＿＿＿＿＿＿＿＿＿＿＿

◆學歷：□高中及以下 □專科或大學 □研究所以上

◆職業：□學生 □資訊 □製造 □行銷 □服務 □金融
□傳播 □公教 □軍警 □自由 □家管 □其他

◆閱讀嗜好：□兩性 □心理 □勵志 □傳記 □文學 □健康
□財經 □企管 □行銷 □休閒 □小說 □其他

◆您平均一年購書：□5本以下 □5~10本 □10~20本
□20~30本 □30本以上

(以下1~4項請詳細填寫)

◆**1. 購買此書的金額：**＿＿＿＿＿＿＿ ◆**2. 購自：**＿＿＿＿＿＿ 市(縣)
□連鎖書店 □一般書局 □量販店 □超商 □書展
□郵購 □網路訂購 □其他

◆**3. 您購買此書的原因：**□書名 □作者 □內容 □封面
□版面設計 □其他

◆**4. 建議改進：**□內容 □封面 □版面設計 □其他

您的建議：